絶対役立つ！

戦国史 負けない法則

三池純正

絶対役立つ！
戦国史
負けない法則

絶対役立つ! **戦国史負けない法則**〈目 次〉

序章 夢

第1章 勝負は40代から

第7章　発想の転換　ピンチこそ最大のチャンス

編集・デザイン／テルズオフィス
イラスト／阿部しょうこ

序章

夢

若き日の辛酸

＊安国寺の秀吉評

戦国時代、中国地方の覇者毛利家の使僧としてその外交を一身に担っていた安国寺恵瓊《あんこくじえけい》は、秀吉についてこう評している。

「秀吉は、弓矢を手に取り、槍一筋で城をも攻め、世の辛酸をなめ、乞食や小者までやり終えた人物だから、口先などでごまかせる男ではない。日本を手の内にまわす名人だから、毛利方でも、秀吉を相手に、戦など決してすべきではない……」

この恵瓊の忠告を聞いた毛利家は秀吉とは戦を交えることなく、その配下となって、家名をまっとうしたことは周知の事実である。

秀吉の強さは、どの戦国の武将よりも世の辛酸をつぶさになめた、いわば雑草の強さであった……。

＊松下之綱に拾われた秀吉

秀吉は若い頃、義父と折り合いが悪く、家を飛び出して、流浪の日々を送っていた。一説には母からもらったわずかのお金で針を買い、それを売りながら、野宿などをし、なんとか日々の生計を立てていたという。

そんな秀吉が遠州引間（静岡県浜松市）の橋の上で休んでいたところ、そこに今川義元の家臣で遠州頭陀寺《ずだじ》城主（同）の松下之綱《まつしたゆきつな》という武士が通りかかった。之綱が秀吉に「何をしているのか」と尋ねたところ、秀吉は「私は尾張の百姓ですが、武家奉公をしたくてここまでやってきました」と述べた。

すると、之綱は「お前のような貧弱な男を雇う家などあるはずがない」と言った。それを聞いた秀吉は「あなたは浅はかな人だ。自分が気に入らぬからといって、他の人も気に入らないとは限らないではありませんか」と返した。

物おじしない秀吉の言葉を気に入った之綱は、その場で秀吉を家来にし、城に連れ帰ることにした。

秀吉はなんともいえない愛嬌があり、人に好かれる性格であったので、之綱はかわいがり、自分の小袖や袴を与えるなどした。

秀吉は草履取りから始めたが、機転が利き、立ち働きも敏捷《びんしょう》なので、之綱はいよいよ気に入り、やがて、納戸の出納に取り立てた。

一説には、初めは、矢倉番の仕事についたが、そこで知恵を働かせ、犬を1匹飼って共に番をし、警戒を厳重にした。すると、これまで度々あった盗難が秀吉が番をするようになってからはまったくなくなり、秀吉はその働きを認められ、今度は納戸の出し入れを任されるようになったという。

こうして、秀吉は新参者ながら、過分に取り立てられることになったのであった。

＊惨めさとくやしさ

こうなると、これまで奉公してきた者としては、面白くない。

「殿様は古参である我々をさしおいて、このごろ新参者の秀吉にばかりに目をかけ、納戸役にまでしてしまわれた。これでは、我々の面目は丸つぶれだ」

彼らは、秀吉をねたみ、品物がなくなるたびにそれをすべて秀吉の罪にし、いちいちそれを之綱に訴え、やがて、之綱に秀吉の引き渡しまでをも求めた。

彼らに秀吉を引き渡せば、どうなるか分からない。

そこで、之綱は秀吉に暇を出して、逃がすことにした。

しかし、秀吉は「ひとたび、盗人の疑いをかけられた以上はこれを晴らすまでは家を出ることはできません。ぜひとも、彼らと対決させてください」と懇願した。

だが、之綱は「お前を家から出すのは惜しいが、大勢の家臣には代えられぬ。お前がここにいては、これからも彼らとうまくやってはいけぬ。そのうち害に遭うことになろう」と心を変えなかった。

秀吉は涙を流し、「残念でございます。お家にはたとえ多くの御家来衆がおられても、人に無実の罪をなすりつけるような浅ましい者どもでは、何のお役に立ちましょう。たった一人でも忠義の者こそ、まことの臣というものではございませぬか」と言い、之綱からもらった給金と脇差を返して出ていった。

一説には、このとき、之綱から路銀をもらい、それで再び故郷に帰ったともいわれている。

その後、秀吉は信長に仕えることになるが、このときの惨めさとくやしさを終世忘れることはなかった。

命を懸けた殿《しんがり》

＊信長への恩返し

若き日にさまざまな辛酸を味わった秀吉は、信長に命懸けで仕え、徐々にその信頼を得、いつしか侍大将にまで取り立てられていった。

そんな中、元亀《げんき》元年（１５７０）、朝倉義景《よしかげ》攻めで朝倉方の金ヶ崎城（福井県敦賀市）を落とした信長のもとに義弟の浅井長政が朝倉方につき退路を塞《ふさ》いだとの急報が届いた。

このままでは信長軍は朝倉・浅井両者に挟まれ逃げ場を失ってしまう。信長にとって助かる道はただ一つ、敵の追撃態勢が整う前に一刻も早く安全な場所まで避難することである。

それを可能にするには、追撃してくる敵を誰かが一手に引き受け、その間に信長を逃がすことが必要であった。いわゆる殿《しんがり》である。その役は一歩間違えば全滅の危険性をはらんでいた。そのため、誰もが尻ごみし、名乗りを上げようとはしなかった。

その沈黙の中、一人の小柄な武将が手を挙げた。

木下藤吉郎秀吉《きのしたとうきちろうひでよし》である。

「私は信長様に一軍の将として今日まで引き立てていただきました。そのご恩を返すとしたら今しかありません。私にこの役を仰せ付けください。たとえ、この身が朽ち果てようとも悔いはありません」

まさに秀吉の実感であったろう。

秀吉は信長に仕えたからこそ、ここまで引き立ててもらったのであった。

その恩を考えた時、もはや躊躇《ちゅうちょ》はなかった。

＊守りを攻めに転じる

この秀吉の決意に信長は感動し、配下から５人の勇士を秀吉に付け、他の武将たちも自らの配下の鉄砲や弓の精兵を付けてくれ、急ぎ退却に向かった。

秀吉は信長の旗をもらい、信長本隊がまだ本陣にいるように見せかけて敵を待った。

敵が到着するのが遅くなればなるほど、信長は安全に逃げられる。だが、一方でその時間が長いほど、秀吉の危険も増すことになる。

「ここで死ねば信長様への忠義の士といわれよう。また、ここを脱すれば大手柄といわれよう。どちらに転んでも損はない」

「暗い悲痛な顔をしていても、厳しい状況は何も変わらない。だとしたら、思い切り明るく、この戦いを楽しむような気持ちで敵にぶつかってみよう」

秀吉はそう腹を決めた。すると身も心も軽くなった気がした。

追撃戦は追う側に勢いがあり、断然有利である。だが、それは一般論である。

「勝負はやってみなければ分からないではないか」

秀吉軍は押されながらも、踏みとどまり、敵を相手に一歩も退くことなく夢中で戦った。

戦いは一進一退、どちらの勝敗もつかなかった。

そのうち、兵が疲れてくれれば、数で劣る秀吉軍の不利は目に見えていた。

と、その時であった。

山の頂から敵に鉄砲を撃ちかけ秀吉を援護する一団が現れた。

「勝った！」

それに勢いを得た秀吉軍はとうとう敵を押し返し、窮地を脱することができたのであった。

この鉄砲隊は、信長が秀吉隊を守るためにわざわざ残してくれたものであった。秀吉は主君の思いに涙した。

そして、秀吉は、最も厳しい状況の中で逃げずに敵にぶつかっていくと腹を決めたときから、自然に守りがいつしか攻めに転じていたことを知ったのであった。

こうして、主君を命懸けで守った秀吉は、またも信長から大きな信頼を勝ち取って、やがて、近江長浜（滋賀県長浜市）に12万石の所領を与えられ、一国一城の主となることになる。

＊松下之綱を捜し出し、家臣にした秀吉

長浜城主になった秀吉はかつて自分を引き立ててくれた松下之綱を捜し出し、自らの家臣にした。

之綱が仕えた今川義元は桶狭間《おけはざま》の戦いで信長に討たれ、之綱は主君を失い、その後、家康に仕えたとされているが、決して、所領は多くはなかったものと思われる。

そんな落ち目となった之綱を秀吉はわざわざ捜し出し、家臣に加えたのであった。

さらに秀吉は、その後、天下人の階段を駆け上っていくが、天正18年（１５９０）小田原の北条氏を亡ぼして、天下平定を確実にすると、今度は松下之綱を遠江《とおとおみ》（静岡県中西部）

久能城主（静岡県袋井市）とし、1万6000石の大名に取り立てた。

「私はなんという果報者であろうか」

之綱は、はるか昔の小さな縁を、天下人となった今も忘れず二度までも報いてくれた秀吉の心がなにより嬉《うれ》しかった。

それは、どんな美しい財宝やたくさんの領地をもらうよりも、それに代えがたい喜びであった。

秀吉は、若き日、流浪の身であった自分を引き立ててくれた之綱の心を忘れることはなかったのであった。

＊老婦人への励まし

さらに、秀吉は天下人になったのち、一人の老婦人にいたわりの手紙を書いている。

その婦人は「五さ」という名で、秀吉は「私が浪人をしていたとき、やさしくしてくれたことを今も忘れ難く思っています。あなたが病でわずらったと聞き、心配しております」と記している。

「五さ」は秀吉がまだどこにも奉公できなかった苦難の青春時代に、食事や縫い物などの世話を焼いてくれていたという。

秀吉は自分が最も苦しいときに支えてくれた婦人の恩を、終生忘れなかったのである。

晩年は、いろいろと失政の多い秀吉であるが、秀吉は若き頃の苦労をいつも胸に抱いていた。

そんな秀吉を支えたのは「今にみろ！」という負けじ魂であったことは間違いない。

秀吉の主君信長は決して家臣たちを甘やかすことはなかったが、晩年安土《あづち》の城に年賀のあいさつに訪れた秀吉に「侍ほどの者は、皆、この筑前守《ちくぜんのかみ》秀吉にあやかるがよい」と賞賛した。

信長への奉公は一瞬も気が休まることのない厳しいものであったが、この言葉を聞いた秀吉はこれまでの努力がすべて報われた思いであったろう。

それは、誰よりも一番苦労した秀吉に天が与えてくれた御褒美《ごほうび》であったに違いない。

信長天下への夢

*鷹を断った信長

永禄2年（1559）尾張（愛知県）を統一することに成功した織田信長は、隣国駿河（静岡県東部）の今川義元を翌永禄3年、桶狭間《おけはざま》で討ち取り、尾張を侵略から守ることに成功した。

そんな時、ある武士が信長のもとに関東で手に入れたという鷹を持ってやってきた。

鷹狩りは当時、京都の公家らの間で流行しており、鷹を持つことは今や名実共に尾張の国主となった信長にとって自らの権威を示すには格好のステータスであった。

だが、信長は「志はありがたいが、いずれ天下を取ったときにいただくので、それまで鷹は預かってほしい」と鷹を受け取らなかった。

これを聞いたその武士は、「信長という男はなんという大ほら吹きであろう」と嘲笑《ちょうしょう》したという。

「信長はわずか尾張一国をやっと手に入れただけではないか。それが、天下など……。笑わせるんじゃない！」

武士は心中そう思ったことだろう。

その武士には、いや、他の誰もが、そのとき、信長の抱く壮大な夢などはなから理解できなかったに違いない。

なにせ、信長はこの時まだ27歳の若者であった。

だが、その目はすでに天下に向いていた……。

＊攻める心

信長はそれから3年後、居城を清洲《きよす》から岐阜に近い小牧山（愛知県小牧市）に移した。それは信長が次の目標を隣国美濃（岐阜県）の奪取と決めたからである。

当時、居城を移すということは大事業であった。

というのも、城を移せば、町も移さねばならず、家臣たちの反発も強かった。当時の武士は領地との結びつきが強く、それを基盤に生活が成り立っていたからである。

事実、あの戦国の名将武田信玄、上杉謙信もどんなに領地が広がっても、生涯一度も居城を移してはいない。これが当時の常識であった。

信長とて、これまで慣れ親しんできた場所で暮らした方がどれほど楽だったかしれない。しかし、信長はあえて居城を移すことで、家臣たちに自らの美濃攻めへの並々ならぬ決意を示した。

「安住の中からは何も生まれない。それどころか、いつしか攻める心を忘れ、守りに入ってしまう」

信長はそれを自らと家臣たちに強く戒めたのであった。

京を、そして天下を目指す信長にとって、美濃攻めはどうしてもやらなければならない事業であった。

＊苦難と忍耐によってつかんだ栄光

信長は小牧山に城を移すと、そこを拠点に、美濃を攻めに攻めた。だが、美濃は国主斎藤氏を中心によくまとまり兵も強かった。

そのため、攻めても、攻めても、なかなか成果は上がらず、いたずらに月日ばかりが過ぎていくばかりであった。

「信長もこれまでじゃ」

そんな中、信長の苦戦の様子を見た一族で犬山城主の織田信清が斎藤氏とはかり信長に反旗を翻《ひるがえ》した。信長の足元の一角が崩れていったのである。

信長にとって最も苦しい時であった。

だが、信長は絶対に退かなかった。

「ここで諦めたら、自分に負けてしまったら、今日まで必死で戦ってきたことがすべて無意味になる。今は耐え忍び、相手が音をあげるまで攻めて攻めて攻め抜くしかない！」

信長は犬山城の周囲の城を怒濤《どとう》のように攻め落とすと、その勢いで一気に犬山城を攻め、城主織田信清を城から追い出した。そして、三河（愛知県東部）の徳川家康、近江（滋賀県）の浅井長政と同盟を結び、美濃を周囲から包囲する作戦に出た。

さらに、美濃攻めと並行して斎藤氏の重臣の調略にも力を入れ、敵の内部の切り崩しをはかっていった。

信長は最後は言論戦で相手の心を変える戦いに出たのである。

それは一見時間のかかる戦いではあったが、確実に相手にダメージを与えることを信長は知っていた。

こうして、信長は再び攻めに転じて、時をつくり、時を待った。

そんな中、調略が実を結び、「美濃三人衆」と呼ばれる斎藤氏の重臣3人がついに信長につくことを表明した。

斎藤氏の結束が崩れたことを見た信長は、一気に斎藤氏の本城稲葉山（岐阜）城を攻め、城を落とすことに成功した。

永禄10年（1567）8月、信長34歳のことであった。

信長は実に7年間耐えに耐え、攻めに攻め、ついに美濃を落とすことに成功したのである。

信長はここから「天下布武《てんかふぶ》」の印を用い、美濃を拠点に怒濤の勢いで天下を目指し駆け抜けていくことになる。

美濃攻めで味わった多くの苦難は、いつしか信長を天下第一の武将に成長させていたのであった。

第1章

勝負は40代から

名将真田幸村の誕生

＊青年時代の苦渋の日々

真田《さなだ》幸村《ゆきむら》といえば、若くてカッコいいイケメン武将という印象をお持ちの方が多いのではなかろうか。

最近流行の戦国武将が登場するゲームでも、幸村はとびきりカッコいい長髪のイケメン武将に描かれているし、近年放送されたNHK大河ドラマ『天地人』でも城田優さんがアウトローな青年幸村を演じていた。

その有名な幸村、実は青年時代のことはよく分かっていない。

それは、戦巧者の偉大な父の後ろに隠れて、これといった活躍は伝えられていないからである。

幸村の父は真田昌幸《まさゆき》。

幸村はその次男として生まれた。

父、昌幸は若き頃から名将武田信玄に小姓として仕え、そのもとで信玄の采配のすべてを学んできた武田家のエリート武将であった。

武田家滅亡後、独立した武将となった昌幸は、上杉景勝《かげかつ》、豊臣秀吉に仕え信州上田（長野県上田市）の城主となり、そこで徳川家康の軍を撃退する大活躍をしている。

また、豊臣家に仕える中で、長男信幸《のぶゆき》も独立した大名となって上州沼田（群馬県沼田市）の城主となっている。

幸村は次男であったばかりに、一人立ちすることもなく、その人生は波瀾万丈《はらんばんじょう》に富むことになった。

幸村は19歳で上杉家に人質に出されたかと思うと、その後、すぐに豊臣秀吉のもとに出仕させられ、さらに、秀吉のはからいで秀吉の重臣大谷吉継《おおたによしつぐ》の娘を妻にもらうことになる。

ただ、幸村はそれ以前に真田家家臣であった堀田佐兵衛の養女を妻に迎えていた。相手が家臣の娘というところから、この結婚には政略的なにおいがしない。あるいは、恋愛結婚であったのかもしれない。しかも、2人の間には長女すへが生まれていた。

そこで幸村は、少なくとも、平穏で幸福な家庭生活を送っていたと思われるが、その後、なんらかの理由で妻を離縁している。

秀吉の命で大谷吉継の妻を娶《めと》る話が進んだことから、自然離縁という形になったのかもしれない。

幸村は政略結婚により泣く泣く愛する妻と離縁しなければならなかったことになる。いつの世も、上司の命令には逆らえない。しかも、相手は天下人秀吉である。その命《めい》を断れば、真田家の運命はどうなるか分からない。

幸村はただ従うしかなかった。幸村はこの時、人生が思いのままにならないことをいやというほど知ったことであろう。

＊流人幸村の嘆き

大谷吉継の娘をもらったことが、その後の幸村の一生を大きく変えた。

幸村は関ヶ原合戦（慶長５年＝１６００）では義父大谷吉継側、つまり西軍につき、家康を敵に回すことになったのである。

さらに、父、昌幸も情勢判断から、幸村と同じ西軍についた。

ちなみに、兄信幸は徳川家康の養女を嫁にしており、当然、家康方につき、父子は敵味方に分かれることになった。

昌幸・幸村父子は上田城で再び徳川の大軍を破り、西軍に大きな貢献を果たしたが、関ヶ原での合戦は家康方東軍の勝利となり、合戦後、幸村は父昌幸と共に紀州九度山《くどやま》（高野山の入口）に流されることになった。

流人の生活に終わりはなかった。いくら待っても赦免の日などはこなかった。

そんな中、父昌幸は失意のうちに紀州九度山で亡くなり、流人ということで葬式も満足に出すことはできなかった。

幸村が紀州に入ったのは34歳であったが、いつしか14年という月日が流れてしまっていた。それは、男として最も働き盛りの年月をただ流人として送るだけの生活であった。

ここまでの幸村の人生、まったく良いところがない。というか、ついてない。

やることなすことすべて裏目に出ている感すらする。

運命は決して幸村に味方してはくれなかったのである。

「こちらの冬はすべてが不自由で、いっそう寂しく思います。この様子をお察しください」

「私のうらぶれた様子は使者がお話しすることでしょう。もはやお目にかかることはないでしょう」

「とにかく、年をとってしまったことが残念で仕方がありません。去年から急に老け込んで、病身になってしまいました」

幸村は流罪先の九度山から姉婿に宛てた書状の中で自らの境遇をこう述べている。

そこからは、14年にもわたる流人生活で人生を半分諦めかけていた幸村の心情が感じられる。

それでも幸村は歯を食いしばって、おのれの運命に必死にあらがおうとしていたに違いない。

「このままなにもしないで朽《く》ち果ててしまったら、いったい自分はなんのために生まれてきたのだろうか。たった一つしかない人生をこのまま終わらせていいのだろうか」

幸村はそんな自問自答をいつも繰り返していたことだろう。

そんな幸村にもたった一つ楽しみがあった。

それは焼酎を嗜《たしな》むことであった。

幸村は流人の身、しかも家族を伴っていったため、経済的には大変苦しく、焼酎一壺まままならなかったようである。

幸村が兄信之の家臣にしたためた手紙には「この壺に焼酎をつめてそれを給わりたい。

いつか、きっと！

今切らしているならば、ある時でもよろしいから、ぜひお頼みします。壺の口をよくしめて、その上に紙を張っておいてください。報《しら》せがあれば取りにうかがいます。（中略）どうか、壺2個の焼酎をお願いします。もし、ありましたら、この外にもいただきたいと思います」とあり、焼酎を愛してやまない幸村の心情が伝わってくる。

幸村はなにもせずに朽ち果てていく自分を忘れるために、ただただ焼酎を飲み続けていたのであろうか。

それとも、酒を飲んで何もかも忘れて、明日に希望を見いだそうとしていたのであろうか……。

＊持ち続けた悲願と夢

そんな幸村のもとに大坂城の豊臣秀頼から入城要請が寄せられた。

秀頼は豊臣家の威信をかけて徳川家康を相手に戦うことを決め、幸村に「一軍を率いる将として大坂城に入ってほしい」と使いを寄こしたのであった。

幸村は流罪先で、狩りや囲碁を一日中やったり、深夜まで兵書を読み、父昌幸と問答を交わし、日頃から近辺の郷士《ごうし》たちなどとともに兵術鉄砲を錬磨していた。また、連歌も学んでいた。

しかも、幸村は兵書を読んで軍学を学び、戦巧者である父昌幸との問答を通して実戦の生きた兵法を学んでいた。

幸村を支えていたのは、「いつかきっと!」というかすかな希望だけであった。

幸村はどんな最悪の状況下においても、腐りそうな、弱気になる自分と戦いながら、いつか世に出る日を夢見、この14年間、黙々と鍛錬を続けてきたのであった。

そこに自分の力を試す千載一遇のチャンスがやってきたのである。

もし、幸村が、この時、人生を諦めていたとしたら、「自分には関係ないこと」と秀頼の要請など無視していたことだろう。

幸村は、秀頼からの要請を受け大坂城に入ることを決める。幸村はそれを14年間待ちに待った最後のチャンスと見たのである。

幸村の流罪の地・紀州九度山での生活は不自由はあったが、家族が共に暮らせただけ、ある意味では平穏なものでもあった。

このまま静かに家族そろって暮らし、この紀州で一生を終わることも幸村にとっては選択肢の一つであったろう。

だが、幸村は目の前の平穏な生活をただ満喫して一生を終わるつもりなどなかった。

「名将真田昌幸の子として天下にもう一度真田の旗を立てたい！　そして、自分の力を天下に示したい！」

それが幸村の悲願でもあった。

そのとき、幸村は48歳。

人生50年といわれた当時としては老年にさしかかる年齢であった。現代の感覚では、60歳くらいであろうか。

幸村は大坂冬の陣の前に姉婿に宛て書いた書状の中で「私など去年から急に年を取り、ことのほか病身になり、歯なども抜けました。ひげなども黒いところはあまりありません」と述べている。

幸村はいつしか歯抜けの白髪の髭《ひげ》を生やした初老の男性に成り果てていたのであった。

＊家族を守らなければならなかった幸村

慶長19年（1614）秋、48歳の真田幸村は豊臣秀頼に請われて大坂城に入城した。

そこには少なからず心の葛藤があった。

幸村の九度山脱出、そして大坂入城は愛する家族との永遠の別れを意味していた。さらに、幸村が掟を破って大坂に入ったことにより、家族も無事ではいられなくなる。恐らく幸村は家族が追っ手の詮索から逃れられるように、どこか安全な場所に避難させたはずである。

幸村は単に自分の夢だけのために家族を犠牲にするわけにはいかなかった。

幸村はそこでも愛する家族を守ることを真剣に考えたに違いない。

自らが大坂入城を果たした後も、家族の無事だけが大きな気がかりであったことであろう。

こんなエピソードがある。

幸村が夏の陣で壮絶な最期を遂げた10日後に、幸村の妻と五女のあぐりは浅野家の捜索を受け紀州伊都郡の潜伏先で３人の家臣に守られているところを捕らえられた。だが、妻はそのとき黄金57枚（５７０両）という大金を所持していたという。

これは、幸村が秀頼から拝領した黄金の約４分の１にあたる。

幸村は自分がどうなっても、その後の生計が成り立つように残された家族に十分な黄金を残していたのであった。

ここにも、幸村のこまやかな家族への愛情を見ることができる。

ちなみに、この時捕らえられた幸村の妻と五女あぐりは後に幸村の父昌幸の娘婿に保護されたという。

幸村は大坂城に入るにあたっては、死を覚悟したが、記録には見えなくとも、妻は「私たちのことなど一切ご心配なさらず、存分に、お働きくださいませ」と幸村を送り出したに違いない。

そうでなければ、いかに幸村といえども、家族を捨てて大坂城に入れるわけはない。

幸村は大坂冬の陣後に娘婿に書状を送っているが、その中で「私どもは籠城《ろうじょう》の上は、必死の覚悟でおりますから、この世でお会いし面談することなどもうないでしょう。何事も娘すえのこと、お心に叶《かな》わぬことがございましても、どうかお見捨てなきようお願いいたします」と述べている。

幸村はこの書状で、その決死の覚悟とそれゆえに娘の身に降りかかる不幸を案じる父としての愛情を示している。

この手紙を見た娘すえは父が自分に注いでくれる愛情がどれほど嬉《うれ》しかったことだろうか。

このように、幸村は一方で家族のことに後ろ髪を引かれる思いで、大坂城に入ったのである。

＊幸村の意地

大坂城内では徳川の大軍を前におじけづいたのか、城に籠もり、大軍をかわすことばかりが論議されていた。

大坂城がいくら日本一の堅城でも、それを支える人の心が弱ければ城は守れるはずなどない。

幸村は軍議の席で「城を出て積極的に敵を攻めるべき」と攻めの戦いを何度も提案したが、その意見はことごとく退けられるばかりであった。

思えば、父昌幸はかつて上田城で徳川軍を合戦で二度も打ち破るという輝かしい戦歴を有していたが、幸村自身はその真田昌幸の次男というだけで、これまでなんらの実績もなかった。

そんな実績のない幸村の意見が取り上げられないのは当然であった。

「これでは、なんのために大坂城に入ったのか分からない」

またしても、幸村は大きな壁にぶつかることになった。

しかし、幸村はここで諦めるわけにはいかなかった。

今を逃《のが》せば、もう、自分には二度とチャンスはこないのである。

「それなら、誰もやらないことをやって自分の存在を認めさせるしかない！」

大坂城は東西北三方を川に囲まれていたが、南面は川がなく、一重の空堀だけで守られていた。そこは城の最大の弱点であり、敵が一番に狙ってくることは必定であった。

幸村は志願してそこを自らの持ち場とし、そこに「真田丸」という出丸を築き、敵を迎え撃つことにした。

「出丸」というのは、文字通り、敵の方に向かって張り出した陣地のことである。そこは敵の攻めが集中する場所であり、一歩間違えば全滅の危険性もあった。だが、それゆえに幸村はあえてそこを自分の持ち場とした。

「誰もが嫌がる一番厳しい所を受け持ち、そこで見事な結果を出してこそ、皆から本物と認められるのだ」

幸村はそれに賭けた。

＊名将幸村の誕生

12月に入り、戦いが始まった。

予想通り、真田丸には、敵の大軍が一度に押し寄せ、激しい攻撃を仕掛けてきた。

そこは一番狙いやすい場所であったゆえに、敵の誰もが手柄をあせり我先にと押し寄せた。

徳川軍は大名の寄せ集めの軍であり、そこでは、どの大名も功名をあせっていた。

一方の大名の軍が我先にと飛び出すと、それに負けじと他の大名も飛び出していく。そこでは当然のように混乱と足並みの乱れが生じた。

敵は大軍ゆえに一度統率が取れなくなると収拾がつかなくなる。

そこが幸村の狙い目であった。

幸村は敵の挑発に乗ることなく、じっと時を待ち、相手の乱れに乗じて一斉に鉄砲を打ち掛けた。

それにあわてた兵たちは真田丸の前にある空堀に入り身を隠そうとしたが、空堀は一度落ちるとはい上がれない構造になっていた。そのため、今度はそれを助けるために多くの兵が空堀に押し寄せた。それを見た幸村は再び攻撃をかけた。その繰り返しの中、敵の犠牲者は増えるばかりであった。

大将の将軍徳川秀忠から3度も退却の命令が出たが、兵士たちは右往左往するばかりで最後まで退却できず、戦いは幸村の完勝となった。

こうして幸村は敵の心理の盲点をついて敵に大打撃を与えることに成功した。味方の犠牲者は驚くほど少なかった。

幸村はあえて一番危険な厳しい場所を志願し、そこで徳川の大軍を打ち破り、その実力を満天下に示したのであった。

幸村はこの戦いで、味方はいうに及ばず、敵にもその実力を認めさせた。

この日から、幸村はただの真田昌幸の次男から名将真田幸村へと変わったのであった。

第2章

最後に勝てばいい

武田信玄の強さ

＊家康を恐れさせた信玄

「風林火山」の旗をなびかせ、戦国最強といわれた軍団を率いた武田信玄《たけだしんげん》といえば、連戦連勝、負け知らずの武将というイメージが強い。

一つには、信玄晩年の元亀《げんき》３年（１５７２）に遠江《とおとおみ》（静岡県中西部）三方ケ原《みかたがはら》で後に天下人となる徳川家康の軍を完膚なきまでに破り、その強さを天下に示したことによる。

この合戦では、家康はただ1騎、居城の浜松城に逃げ帰ったが、あまりの恐怖に馬上で脱糞《だっぷん》したほどであった。

武田信玄は天下人徳川家康をここまで恐れさせた人物であった。

家康はこの日の屈辱を生涯忘れず、その惨めな姿を絵師に描かせて、後の自らへの戒めとしたという。

さすが懐の広い家康である。

＊初めての挫折

その信玄、実は、若き日に大きな合戦で何度も大きな敗北を喫している。

負けを知らない人物は大成しないといわれるが、信玄などその最たるものであろう。

最初の敗戦となったのが、天文17年（１５４８）２月に行われた信州上田ヶ原（長野県上田市）の合戦である。

この時、信玄は27歳。若き大将であった。

天文10年（１５４１）、21歳で家督を継いだ信玄は信濃（長野県）経略を掲げ、諏訪《すわ》地方を平定するとそこを足がかりに伊那《いな》・佐久《さく》郡と次々と侵略していった。

そこでは向かうところ敵なし、信濃の将士は信玄に次々と城を落とされ屈服していくばかりであった。

この時の信玄は怖いもの知らず、なにもかも順調にいっていたときである。

だが、そんな信玄の前にその前進を阻止するため立ち上がった武将がいた。

それが、北信濃更科《さらしな》・埴科《はにしな》などの川中島地方、現在の長野県長野市周辺を本拠地とする村上義清である。

義清は村上源氏の血を引き、古くから北信濃に勢力をもつ信濃の名族であった。

信玄とは親子ほどの年齢差があり、戦の経験も豊富であった。

義清にすれば、「青二才に本当の戦を見せてやろう」くらいの気持ちであったろう。

武田・村上両者は現在の長野県上田市の西約4キロのところにある上田ヶ原で千曲川《ちくまがわ》を挟み対陣していたが、ついに川を渡って合戦に及んだ。

合戦は最初は両軍入り乱れての混戦となったが、上田の地理に明るい村上軍が徐々に武田軍を追い込み、ついには、武田軍の構えを打ち破って勝利を挙げた。

信玄は自らも傷を負ったばかりか、片腕ともいうべき伊那郡代の板垣信方《のぶかた》をはじめ、甘利虎泰《とらやす》、初鹿野伝右衛門《はじかのでんえもん》などの重臣が討ち死にするという大敗北となった。

ここまで連戦連勝で負け知らずの戦いを繰り広げてきた信玄にとって、初めて味わった大きな敗戦であった。

信玄は、合戦後もしばらく上田ヶ原の戦場から立ち去ることをせず、なんと20日間もそこにとどまったという。

そのため、重臣たちは信玄の実母大井夫人に、信玄が一日も早く上田ヶ原から立ち去るように説得させた。このまま戦場に残り続ければ、再び敵が攻めてこないとも限らないのである。

しかし、信玄は母の説得にも頑《がん》として耳を貸さず、そこから動こうとはしなかった。

上田ヶ原に立ち続けることで、戦いに負けることの悔しさ、大切な重臣たちを失ったことの悲しさ、そして、その責任の重さを自らの五体に刻みつけようとしていたのかもしれない。

戦場に残り続けることで、敵に後ろを見せることをしなかったともいえる。

「戦いはこれで終わったわけではない。わが武田軍は負けてはいないのだ」

信玄はそう主張したかったのかもしれない。

＊二度目の大敗

信玄の負け戦《いくさ》はこれで終わったわけではなかった。

またしても、信玄は宿敵村上義清に手痛い敗北を喫してしまうことになる。

天文19年（1550）10月、武田信玄は村上義清の拠点戸石城を攻めたが、その時、武田・村上両軍は小県《ちいさがた》海野平《うんのたいら》（長野県上田市）付近で約12時間にわたる死闘を繰り広げた。12時間という時間の長さが示すように、それは両軍とも一歩も退くことのない壮絶な攻防戦であった。

だが、当時の記録によれば、武田軍は1000人余の犠牲者を出し、信玄の重臣横田備中《びっちゅう》が戦死したという。

信玄は村上義清に完敗した。

この信玄の二度目の歴史的敗戦は「戸石《といし》崩れ」という名で今日まで語り伝えられている。

この時、信玄、30歳。

こうして、信玄は若くして二度の大敗を経験することになった。

「武田信玄、恐るるに足らず！」

この合戦の敗北で、信玄の敵が勢いづいたことはいうまでもない。

信玄は、戦いに負けることの惨めさを再びいやというほど知った。

＊無理な戦いはしない

それ以降、信玄が連戦連勝したわけではない。

たとえば、「戸石崩れ」から3年後、有名な川中島合戦の1回目、天文22年（1553）の戦いでは上杉軍に敗れ、追い込まれている。

またしても、信玄には敗北の予感が漂うことになった。

信玄はこの時、そのままでは終わらなかった。

本当の強さを発揮したのはそこからであった。

信玄はこれまでの経験で、一時的な勝ちにこだわるよりも、将来的な勝ち、つまり、最後に勝つことを心がけるようになっていた。

この合戦では、上杉軍の追跡をひたすらかわして、相手が立ち去るのをじっと待って反撃する作戦を取った。

ちなみに、2回目の川中島合戦では武田・上杉両者はにらみ合うだけで、ほとんど戦うことがなく、3回目の合戦では、信玄は上杉謙信の攻撃をかわすためにひたすら逃げている。

そこでは、意地を通して戦うことなどせず、相手が強いと見たら、ひたすら逃げて、じっと時を待って反撃するという作戦に出ている。

要は、結果的に相手に効果的なダメージを与えればよいのであって、そこで、無理して戦うことなどないのである。

これより先、信玄は、謙信が出てこられない雪の季節に川中島の謙信方の城を攻め落としたり、謙信が上洛している隙を見て、川中島に城を築いたり、さらには、謙信の重臣たちを裏切らせたりと実際の戦以上の大きなダメージを与えることによって、謙信を追い詰めていくのである。

＊「勝つ」ことより「負けない」こと

甲州流兵法の軍学書『甲陽軍鑑《こうようぐんかん》』によれば、信玄は「合戦における勝敗とは十のものならば六分か七分で十分な勝利である」と定め「大合戦においては、八分の勝利は危険であり、九分、十分の勝利は味方が大敗を喫するもととなる」と述べたという。

疾如風 徐如林 侵掠如火 不動如山

疾《と》きこと風の如く、徐《しず》かなること林の如し、
侵掠《しんりゃく》すること火の如く、動かざること山の如し

勝ちすぎれば心に油断が生じ、敵を侮ることになり、次の敗北の因をつくってしまう。

「少し勝ったかな」というくらいが、ちょうどよいというのである。

さらに続けて信玄は「戦闘の心得として、四十歳以前は勝つように、四十歳から先には負けぬように」と述べ、「二十歳前後の頃であっても自分より小身な敵に対しては負けなければよいのであって勝ちすごしてはならない」と戒めている。

つまり、若いうちに、自分の中に「負け癖」をつくらないようにすることが大切だというのである。

一度「負け癖」をつくってしまえば、その後も歯止めのきかない敗北をつくることとなり、負けを正当化し、やがては自信を失ってしまうことになる。

ここから分かるように、信玄は「勝つ」ことより「負けない」ことを重視するようになった。

それでは、「勝つ」ことと「負けない」こととはどう違うのであろうか。

「勝ち」にはこだわりが生じる。

それはいつしか無理を伴うようになる。

すべての戦いに勝つことなどあり得ないのに、いつしか、帳尻合わせをして、無理に勝ちをつくろうとしてしまうのである。

そこでは、いつしか、現場、現実が無視され、「勝つ」ということだけが独り歩きするようになる。

それに対して、「負けない」というのは、現実をしっかりと認識し、地に足をつけ、そこからありったけの知恵をしぼって、なんとか少しでも勝ちに結びつくよう努力することであろうか。

無理も帳尻合わせもない。

ただ、現実を見つめ、そこから一歩でも先に進もうという、いわば、地道な努力の積み重ねがあるだけである。

いざという時に力を発揮するのは、この「負けない」思考であり、積み重ねてきた努力によって培われた実力であることはいうまでもない。

信玄は負けを重ねることで、この思考にたどりついたのである。

＊将来を見据えた勝利

『甲陽軍鑑』には、上杉謙信を評して、「謙信は将来不利を生じることには構わず、目の前にある戦闘を避けまいとする。これは水の出た川を無理に渡るようなものである」としている。

信玄に言わせれば、まさに、謙信は勝ちにこだわるあまり、将来の不利益などは考えず、目の前の戦いに勝つことだけを重視する。つまり、無理をしていることになるのである。

事実、謙信は戦いにはめっぽう強かったが、結果的に信玄に川中島を取られ、毎年のように関東に出兵してもその領地が増えることはなかった。

つまり、目前の戦いには勝っても、実を取ることができなかったといえる。

信玄は、織田信長に対しても「味方の軍勢が敗れて退却しようとも、追撃されて討たれない限り、世間がなんと言おうとも無視して戦い続ける」と評している。

信長は勝つために初めから犠牲覚悟で臨んでいるというわけである。

これに対して、信玄は「作戦の失敗がないように敵をよく調査し、ぶざまな退却をしないよう」に心がけ、「将来の勝利を得る条件を無にしないようにする」と述べている。

ここには、勝負に対しては、無理をせず、知恵をしぼって、最後は必ず勝つという信玄独自の「勝利の哲学」が見られる。

信玄は、たとえ、無理して目前の勝利を手にしても、将来の大局的な勝利が得られない限り、それは本当に勝ったことにはならないと考え、将来を見据えた勝ちにこだわったのである。

信玄は「負けないこと」の積み重ねが将来の大勝利につながることをなにより知悉《ちしつ》していた希有《けう》の武将であった。

それは、負けたことから学んだ哲学であり、負けることの怖さを誰よりも知っていたがゆえに得られた教訓であった。

負けを知っていた信玄だったからこそ、戦国を代表する名将たり得たのである。

信玄の肖像画

コラム column

○信玄は痩せ形？

武田信玄というと、頭がはげ上がった入道頭をし、でっぷり太った脂ぎった中年の男というイメージが強い。

それもそのはずで、歴史の教科書などにはでっぷりと太った信玄の肖像画と称されるものが載っており、多くの人がそれを信玄だと思っているからである。

また、テレビの時代劇に出てくる信玄もこのタイプの人物が多く、信玄のこのイメージは全国的に定着しているといってもよい。

この武田信玄の肖像画といわれるものは、現在も紀州高野山成就院《こうやさんじょうじゅいん》に納められている。

コラム
column

痩せ形信玄、でっぷり信玄、
どれが本物に近い？

だが、高野山には、実は、もう1枚の信玄肖像画が納められているのである。

それは、同じ高野山でも持明院が所蔵するもので、その肖像画は先の成就院の肖像画とはまったく似ても似つかない痩せ形の繊細そうな武将が描かれている。

この二つの異なる肖像画について、かつては持明院のものが若き日の信玄、そして成就院のものが晩年の信玄と考えられてきた。

なるほど、若き日には理想に燃えていた信玄が年齢を重ねるごとに権謀術数に長け、世の中の酸いも甘いも経験し、あのようなふてぶてしい中年の姿になったのかと納得したものである。

近年、軍事研究家の藤本正行氏は成就院の肖

コラム column

像画、つまり我々が今までなじんできたでっぷり太った信玄の絵は信玄を描いたものではないという新たな説を投げかけた。

藤本氏は、肖像画を描いたのは長谷川等伯《はせがわとうはく》であるが、等伯と信玄との接点がまったくないこと、肖像画に描かれている家紋が武田家のものとはまったく異なることなど細かい分析をし、肖像画は信玄ではなく能登《のと》(石川県)守護の畠山氏であるとの新たな見解を発表したのである。

この藤本氏の説は大きな反響を呼び、そのせいか、最近はテレビの歴史番組や出版物からも成就院の肖像画は消えつつある。となると、信玄の唯一の肖像画は必然的に高野山持明院《じみょういん》の痩せた繊細そうな信玄ということになる。

信玄は晩年肺がんもしくは肺結核を患って死んだとされているが、そこからイメージされる信玄はでっぷり太った人物より、痩せた腺病質《せんびょうしつ》、つまりストイックな姿が似合っているといえよう。

第3章

負けたままでは終わらない

敗者からの復活

＊秀吉に認められた立花宗茂

九州、筑後柳川（福岡県柳川市）10万石の城主、立花宗茂《たちばなむねしげ》は戦国時代に九州６カ国を領した名門大友家の血を引く大名であった。

宗茂を大名に抜擢したのは、天下人豊臣秀吉で、その時、宗茂はまだ20代半ばの若者であった。

宗茂は勇猛果敢な若武者であったが、秀吉は若き宗茂の中に将来の大器の片鱗を見たのかもしれない。

ある時、秀吉は諸大名の前で、家康の一番の家臣本多平八郎を召し出し、「彼《か》の者こそ東国に隠れなき勇者である」と言い、次に立花宗茂を召し出して、「宗茂は西国無双の誉れの者である」と讃嘆した。

本多平八郎は天下に知らぬ人がないほどの豪勇の武者であったが、秀吉は宗茂もそれにひけをとらぬ武者であると諸将の前で宣言したのである。

秀吉はこれまでの宗茂の戦いぶりをじっと見てくれていたのであった。

宗茂は感激した。

そして、この日のことを終生忘れなかった。

宗茂は秀吉のもとで、必死にがんばった。合戦にも率先して兵を率い、大きな手柄をいくつも立て、ますます将来を嘱望された。

*浪人となった宗茂

その秀吉が死去した。

そして、慶長5年（1600）には全国の大名たちは二つに分かれて戦うことになった。関ヶ原の合戦である。

宗茂は秀吉に引き立てられた恩から西軍方につき、大津城（滋賀県大津市）攻めなどに加わった。しかし、関ヶ原で行われた本戦はわずか一日で終わり、宗茂はそこに駆けつける間もなく敗者となってしまったのであった。

宗茂は自らの信念に従って堂々と戦ったことを東軍の大将徳川家康に訴え、赦免《しゃめん》だけは勝ち取った。

立花家は改易《かいえき》、柳川城は没収となり、宗茂は34歳にして、大名から一転、浪人に転落してしまったのであった。

今でいえば、急に会社が解散させられ、社長から、一転、無職になったようなものである。

宗茂は、自分一人ならどんな苦難にも耐えることはできた。

しかし、最後の最後まで自分を信じて付いてきてくれた家臣たちのことを考えると、身を引き裂かれる思いであった。

彼らは、浪人となった宗茂を今も主君と仰ぎ、宗茂のそばにいて共に苦難の日々を送っていた。

彼らの誠に応えるには、もはや立花家再興しかなかった。

＊苦衷の5年間

一度改易された家が復活して大名になった例などまったくない。

しかし、愛する家臣たちのことを思うと、宗茂は絶対に諦めることなどできなかった。

「前例がないなら自分自身が前例になるしかない！」

「奇跡だというなら、起こして見せる！」

宗茂は固く心に誓った。

５年間、宗茂は家康に自らの赤誠を訴え続けたのであった。

くじけそうになると、宗茂は一人一人の家臣たちの顔をじっと思い浮かべて、耐えに耐えた。

先の見えない5年という月日は余りにも長かった。

その間、家康は宗茂に希望的な発言などただの一度もしなかった。

慶長６年（１６０１）、宗茂は書状の中で「待ち久しき事、申し上げようもございません」とその心情を述べている。

宗茂は生涯何度も名を変えているが、関ヶ原敗戦直後には「政高」、それから1カ月もたたないうちに「尚政」に、そして、３年後の慶長９年（１６０４）以降はさらに「俊正」と名を変えている。

宗茂はこうして名を変えることによって、再び生まれ変わった気持ちで人生の難局に立ち向かっていこうとしたのであろう。

宗茂のこの苦衷はいまだ出口の見つからない深い闇のようであり、この闇がいつ終わりを告げるかは誰にもわからなかった。

宗茂は慶長8年（1603）4月に島津義弘に宛てた書状の中でも「今日、今日と待ちながら、日を暮らしている次第です」と述べている。

まさに宗茂のため息が聞こえてきそうである。

普通に考えても、今や、天下人となった家康にとって、一度敗者となった宗茂の処遇に時間を割くほどの余裕はなかったことであろう。

宗茂は、すべての希望が打ち砕かれる思いに何度もかられた。

＊奇跡の復活

人生なにが起こるか分からない。

希望は絶対に捨ててはいけないのである。

宗茂が起こした波は、確かに取るに足らない小さなものであったのかもしれない。だが、確実に家康の心に届いていていた。

宗茂の前では、なんのそぶりも見せなかった家康だが、5年間、宗茂の誠を、そして、その心底が本物かどうかをじっと見続けていたのである。

家康はわずか2年で将軍職を嫡子秀忠に譲った。すると、新将軍となった秀忠は宗茂を江戸城に召し出し、将軍警護の役を与え、慶長11年（1606）に1万石、4年後の慶長15年には3万石の大名に抜擢した。

ついに、立花家が再び大名として復活したのであった。

ここには、前将軍家康の意向があったことは言うまでもない。

家康は側近の本多正信に「秀忠は年が若いので、律義で年巧者を相談相手にしておきたい。宗茂は戦上手《いくさじょうず》であり、なにより、信念を曲げることがない。だから、秀忠の相談相手にしたいのだ」と述べたという。

家康は宗茂の中に、律義で筋を曲げること

のない本物の武士の心を見ていたのであった。

家康亡き後の元和《げんな》6年（1620）には、秀忠は宗茂にかつて城主をつとめた柳川城を与え、旧領に復した。

思えば、関ヶ原の敗戦からすでに20年がたっていた。

宗茂はまったく前例のない、奇跡の完全復活を遂げたのであった。

そればかりか、秀忠は宗茂をいつもそばに置き、天下の政治についてさまざまな相談をするなど、宗茂は秀忠の最も信頼する側近の一人となっていた。

宗茂は5年間の浪人時代、家康にただ一方的に自らの誠を訴え続けただけではなかった。その間、誰よりも武芸に励み、書物を読み、時勢を見る目を養い、いつしか将軍の相手ができるほどの見識を身につけていた。

宗茂は最も苦しいときに、誰よりも陰の努力を続けていたのであった。

前田利家の誠

＊織田家を追放された利家

豊臣秀吉の盟友で加賀百万石の祖となった前田利家《としいえ》はもともと織田信長の小姓であった。

年は信長より４歳下で、15歳の時に信長に仕えたという。

若い頃、信長は「かぶき者」といわれるほど、万事派手に振る舞っていたが、若き利家もそれに負けず劣らず、衣装や槍なども派手な作りであったという。

それは、利家の自己主張が強かったことを意味している。

利家は、ただ自己主張するだけでなく、槍の名人として合戦では常に先頭に立って戦い、多くの実績も挙げていた。

そんな真っすぐな性格を信長も愛した。

しかし、永禄２年（１５５９）、利家は信長の突然の勘気を受け、織田家から追放処分になった。利家、22歳であった。

この前年、利家は結婚しており、「まつ」という夫人がいたが、その日から路頭に迷うことになった。

現代でいえば、突然、懲戒免職、リストラにあったのである。

＊主君はただ一人

利家は信長以外の誰にも仕える気などなかった。利家は信長を生涯ただ一人の主君と心に決めていた。

信長といえば、血も涙もない、短気で残虐な武将というイメージがあるが、実は、家臣には好かれ慕われている一面もあった。

たとえば、こんなことがあった。

信長は若き頃、領地の尾張（愛知県）津嶋で踊りを興行し、その列は津嶋から清洲《きよす》まで踊りながら移動した。信長はこの時、自ら天女の格好をし、女舞を舞ったという。

これに喜んだ津嶋の年寄（有力者）たちが信長のもとにお礼にやって来て、そこで彼らは再び踊った。

信長様！
信
利

信長はこれを大変喜んで、近くに招き「面白い！　実に楽しく面白い！」と声を掛け、汗をかいた彼らを自分の団扇《うちわ》で扇《あお》ぎ、労をねぎらったというのである。

「殿様が我らを近くに召して、団扇で扇いでくれた」

彼らは、炎天下での疲れを忘れ、皆感激し涙して帰っていったという。

利家はそんな信長を主君と仰ぐことに誇りをもっていた。

さて、槍の名人で数々の手柄を立てていた利家である。

他家からの誘いも少なくはなかった。だが、利家は他家からのどんな条件の良い誘いも断り続けた。

そんな利家であったが、今は家族を養わなければならなかった。それを考えると、不安で心が折れそうになる日もあったことだろう。

この間、利家の家族はいくつかの家に預けられていた。その中で、利家は書物を読む機会に恵まれ、そこで、兵法や先哲の教えを学んでいった。

「ただ強いだけではいけない。人には人の道があるのだ」

これまで、ただ無鉄砲に敵に向かっていっただけの利家は自らを反省した。

「こんな自分だが、今度こそ、信長様に心からお仕えしたい！」

利家は、信長に内緒で数々の合戦にたった1騎で参加し、これまで以上に命を懸けて信長の敵と戦った。

＊利家の誠を見続けていた信長

有名な桶狭間《おけはざま》の合戦（永禄3年＝1560）は、兵数からいっても信長の絶対的な不利は明らかだったが、利家はそこでも得意の槍をふるって敵に突っ込み、敵を倒す働きをした。

合戦は奇跡的に信長の勝利となったが、信長は、利家がどんなに一生懸命戦っても利家を無視するかのように声一つ掛けてはくれなかった。

もちろん、赦免などあるはずもなかった。

利家はそれでもじっと耐えて戦った。

誰が見ていなくとも、信長のために戦えることにいつしか喜びを感じていた。

そんな中、織田家では木下藤吉郎、滝川一益《たきがわかずます》という新たな人材が実力を伸ばし始めていた。このままでは彼らにどんどん追い抜かれる。利家はそんなあせりを感じてもいたことだろう。

利家についに帰参がかなう日がやってきた。

信長は桶狭間の合戦に勝利すると、小牧山（愛知県小牧市）に居城を移し、美濃（岐阜県）攻めを行っていたが、美濃森部（岐阜県安八町）の合戦で、利家は豪将と恐れられた足立六兵衛を討ち取るという大手柄を立てたのである。

利家は鉄砲の弾丸や弓矢の飛び交う中をたった1騎で敵に突っ込み、足立六兵衛の兜を槍で叩《たた》き、馬から落馬させ、討ち取ったのであった。

この合戦、利家は無我夢中で戦っていたが、それは、なんらの後ろ盾もなく、たった1騎で戦ってきた技と勇気の積み重ねの結果であった。

「そうか、又左がやったか」

この利家の武勇ぶりを聞いた信長は満面の笑みを浮かべ、即座に利家の勘気を解いた。

利家はこの日をひたすら待っていた。

それは信長も同じであった。

この間、丸2年。利家は苦しい生活にもじっと耐え、戦と聞けば真っ先に駆けつけ、主君信長のために命を惜しまず戦ってきた。

利家の様子を信長はいつも遠くからじっと見続けていた。

＊けなげな心に報いた信長

信長にしてみれば、どこまでもけなげに戦う利家を早く帰参させたかったに違いない。しかし、利家は信長が一度出仕を止めた家臣であった。他の家臣の手前、その罪を簡単には許すことなどできなかった。

そこには、皆を納得させるほどの大きな手柄が必要であったことは言うまでもない。信長は利家の心底を見るため、あえて試練を与えたのであった。

利家はその信長にどこまでも誠の心を貫いた。

この間、長女は3歳になり、妻のまつも利家を信じ支え、苦しい生活に共に耐え抜いてくれた。

利家の活躍の陰には、まつの支えがあったことは言うまでもない。

まさに、利家は夫婦一体で勝利を勝ち取ったのであった。

信長は利家の勘気を解くと、すぐに信長の直属部隊である赤母衣衆《あかほろしゅう》の筆頭に抜擢した。

また、四男で家督を継ぐ権利のなかった利家に前田家の家督を継がせるよう命を下した。

信長は利家のけなげな心にどこまでも報いたかったのであろう。利家はそんな信長の心に涙した。

　こうして前田利家は織田家の重臣の一人となり、それが縁で秀吉とも深い交わりをもつようになり、やがて、秀吉の深い信頼を受けて加賀百万石の礎を築くことになる。

　加賀百万石の淵源は、利家の主君信長を思うけなげで真っすぐな心にあったことは言うまでもない。

第4章

味方をつくる

死闘関ヶ原　小早川の心を動かした執念

＊危うかった関ヶ原合戦

慶長５年（１６００）９月15日、美濃関ヶ原（岐阜県関ヶ原町）で行われた天下分け目の大戦、関ヶ原合戦は家康が勝つべくして勝った戦いといわれてきたが、実は家康の勝利は紙一重、いや薄紙一枚にも満たない危ういものであった。

家康の生涯で、楽して、余裕で勝った戦など、ただの一度もない。戦いはすべてが死闘の連続であり、一歩間違えれば、敗者の運命が待っていた。そんな厳しい戦いをいくつも勝ち越えてきたがゆえの天下であった。

家康方は関ヶ原の決戦場に臨んでも勝てるかどうか、まったく分からなかった。東には会津１２０万石の上杉がひかえ、西には大坂城に中国１２０万石の毛利が立ちはだかっていた。

しかも、土壇場で嫡男秀忠《ひでただ》率いる徳川本軍３万８０００の兵が信州上田の真田氏に阻まれ、関ヶ原に到着しないという最悪の事態が起きていた。

石田三成が采配する西軍は実質4万、家康方は倍の8万。数から見れば、家康優勢にみえる。

家康軍の中身は大部分が豊臣大名、外様の兵であり、家康自身が率いる兵は親衛隊ばかりで戦闘能力は低かった。

西軍は関ヶ原に強固な陣地を構築しており、それを突破するのは至難の業であった。

ここで西軍優勢となれば、豊臣大名の中には寝返る者が出てこないとも限らない。

どれ一つとっても、不安材料ばかりであった。

＊土壇場での心の変化を勝ち取った家康

この戦いに負ければ、これまで重ねてきたすべての勝利が一瞬で瓦解《がかい》してしまうことになる。ゆえに、絶対に勝たねばならない。

この勝利への鬼のごとき執念こそが真の将の証しであった。

合戦が始まると、家康方は苦戦した。

西軍の堅固な陣地はいつまでたっても破れそうにない。

敵味方双方の兵はついに疲れのピークを迎えようとしていた。

勝敗の帰趨《きすう》は、兵を温存して動かない松尾山に陣する小早川隊1万5000が東西どちらにつくかが最後の焦点となっていた。

小早川氏には、敵方の西軍からも誘いの手が伸びていた。この戦いで西軍に味方をすれば、秀吉の子、秀頼が元服するまで関白の職につける。そして、現在の領地に加えて、播磨国（兵庫県）をも与えるという破格の条件であった。

この時、大将小早川秀秋《こばやかわひであき》は弱冠21歳。秀吉の甥《おい》であり、生前秀吉は、この甥に期待し、名門小早川家を継がせていた。

小早川氏は豊臣家一門につながる家であり、本来であれば、迷うことなく、西軍につくと誰もが思っていた。

だが、人の運命というものは分からない。

秀秋は朝鮮の役（慶長の役）でのある失敗から、秀吉の怒りを買い、疎《うと》んじられ、一時領地を没収されたことがあった。

その時、秀吉に取り入って助けてくれたのは、当時秀吉の側近であった西軍の大将石田三成ではなく、東軍の大将家康であった。

10代の傷つきやすい若者であった秀秋にとって、その記憶は鮮明に心に焼きついて離れなかった。

家康が松尾山に向かって、秀秋に東軍加担の合図の鉄砲を放った時、一瞬秀秋の脳裏を横切ったのは家康が自分に寄せてくれたあのときの温情であった。

秀秋は決断し、全軍に西軍攻撃を命じた。松尾山全山の兵がなだれを打って動いた。これに勢いを得た家康方は劣勢を挽回し、ついに逆転勝利を勝ち取った。

紙一重の歴史的勝利を決めたのは、まさに一人の心の中で起きた変化であり、それを最後の最後で起こさせた家康の強き執念であった。

この関ヶ原合戦で家康方として活躍したのは同じ豊臣大名の黒田長政であった。

長政は、家康の最大の抵抗勢力だった中国120万石の毛利家を関ヶ原合戦の前日に不戦に追い込むなど、事実上の功労者であった。

この長政に対しても、家康はこれまで、さまざまな手を打ってきていた。

たとえば、長政は秀吉の朝鮮の役において、秀吉から叱責を受け、窮地に陥ったが、それをかばい、救いの手を差し伸べたのは家康であった。

長政はそれ以来、家康と親密に連携を取り、家康のために奔走してきた。

家康は、豊臣家の諸将に近づき、陰に陽に、まさにサーチライトを当てるように、彼らの抱える問題を見つけては、それを解決に導く手助けをし続けてきたのであった。

こうして、家康は彼らの心を一つ一つ確実につかんでいった。

この小さな積み重ねが大舞台での勝利を導いたことは間違いない。

真田幸村の脱出

＊難しかった脱出

真田幸村が大坂城に入るにあたって、最も大きな問題は流罪地である紀州九度山《くどやま》をどうやって脱出するかということであった。

当時、紀州（和歌山県）はかつての豊臣大名浅野家の領地であり、幕府の命を受けて幸村を監視していたのも浅野家であった。

浅野家にとって、幸村を簡単に脱出させてしまえば、徳川家に対して面目が立たなくなる。それどころか、どんなお咎《とが》めを受けるか分からない。

それゆえ、浅野家は地域の有力者である庄屋や年寄たちに命じて、幸村に厳重な監視の目を光らせていた。

特に、豊臣家と徳川家との間の空気が不穏になってからは、浅野家からは近隣の地侍たちにまで幸村の監視を強化するよう指令が出ていた。

高野山の門主や衆徒からも監視されていたというから、周囲にはすべて監視の目が光っていたことは事実である。

幸村は脱出に際して、九度山付近の庄屋、年寄、百姓たちを集めてごちそうを振る舞い、彼らが酒に酔いつぶれて寝込んだ隙に、脱出したという。

一説によれば、昌幸の八回忌にあたることから、法要を行おうとして周囲の人を油断させ脱出したともいわれる。

簡単に脱出できたとは思えないが、ともあれ、幸村は浅野家や近隣の土豪、百姓たちの厳重な監視の目をうまくかいくぐって脱出したことは事実であろう。

＊命懸けで幸村を助けた住民たち

「幸村脱出」の報を受けた浅野の兵たちは、幸村の住んでいた家を隙間もなく取り囲み、中を探索したが、幸村らはまったく見当たらなかった。

そこで周辺の住民を集め、幸村の行方を聞くと、皆が「3日以前にどこともなく立ち去ってしまった」と答えたという。

実際は、この時、幸村が脱出して何時間もたってはいなかった。

彼らは領主の圧迫にも屈することなく、幸村の脱出を見て見ぬふりをしたのであった。彼らは領主である浅野家の手前、幸村に対して、積極的な応援こそできなかったが、見て見ぬふりをすることで幸村の脱出を助けたのである。

幸村と共に九度山を抜け出して大坂に行ったメンバーの中には九度山付近の村々に住む地侍が加わっており、その中には、九度山の猟師などもいたとされることから、彼らは幸村を慕って命懸けでついていったことが分かる。

『幸村君伝記』という書物によれば、幸村は「普段から、情が深く、百姓たちまでもいたわっていた」とあり、幸村が常日頃から地侍や百姓と幅広く交わり、そこで互いに人情を通わせ合い、彼らの心をがっちりとつかんでいたのである。

時には、彼らの相談に乗り、子供たちに手習いを教え、田畑などの耕作も手伝ったりしていたのかもしれない。

彼らはそんな幸村の人柄を何より愛し、その生き方に心から賛同し、自らの命の危険も顧みず幸村を守り、ついていったのである。

幸村は最初はせいぜい数人で脱出し、皆は後からそれについて来たものと思われる。

真田家の記録『真武内伝《しんぶないでん》』には「大方は信州から来る」と記されていることから、真田家の旧臣たちや真田家縁故の者たちも信州（長野県）から幸村を慕い駆けつけて来たことが分かる。

彼らは、大好きな幸村をたった一人で大坂へ行かせることなどできなかった。

幸村が大坂で戦うのなら、共に戦いたかったのである。

事実、大坂城で、幸村と共に戦った伊木七郎右衛門という武士は「ひとえに、幸村と共に戦えるということはなんという幸せであろうか」と述べていたという。

彼らにとって、幸村と共に人生を生きられることが何よりの喜びであり、誇りであった。

真田軍団の強さはまさにここにあった。

幸村自身、そのことをなによりも感謝していたに違いない。

第5章

対話こそ最大の武器

対話で歴史を変えた真田幸隆

＊真田幸隆に賭けた信玄

第2章でも述べたように、名将武田信玄は、北信濃（長野県北部）に本拠地をもち、村上源氏の血を引く村上義清に二度大敗している。

義清は信玄より20歳も年長で戦に長《た》けた老獪《ろうかい》な武将であった。

信玄が信濃を攻略する限り、義清との戦は避けて通れなかった。

そこで信玄は、義清に祖地を追われ上州（群馬県）に亡命していた真田幸隆《ゆきたか》（幸村の祖父）を呼び寄せ、協力を請うた。

幸隆は北信濃の地理に明るく、真田家を滅亡に追いやった義清にひそかな復讐心を燃やしていた。

「この私にあなたの力を貸してはいただけぬか」

信玄は流浪の身であった幸隆を賓客《ひんきゃく》をもてなすように最大の礼をもって迎えた。

信玄は幸隆の心を誰よりも理解し、その実力を誰よりも分かっていたのであった。

幸隆は「この人なら自分の命を預けてもよい」と思った。

その信玄と幸隆は３年間じっと時を待った。

そして、義清が信越国境に宿敵高梨氏を討つために出兵したわずかな隙を見て、義清の重要拠点戸石城を攻めたのである。

しかし、城はいくら攻めても、びくともせず、逆に信玄の攻撃を知った義清は疾風怒濤の勢いで兵を返し、信玄の背後を襲ったのであった。

義清の勢いに信玄は防戦ままならず、１０００余人の犠牲者を出す再びの大敗北を喫してしまった。

武田家内では幸隆の責任を問う声が起こってきた。信玄にこの計略を進言したのがほかならぬ幸隆だったからである。

だが、誰になんと言われようとも、信玄は決して幸隆を責めることなどしなかった。

それだけに幸隆は誰よりも苦悩にあえいだ。

このままでは、信玄の信濃攻略は挫折し、真田家の復興も夢と消えてしまう。幸隆は自分を信じて、作戦を実行してくれた信玄への申し訳なさでいっぱいだった。

＊一人、城に乗り込んだ幸隆

幸隆は意を決し、単騎戸石城に乗り込むことを決意した。

命を捨てることしか信玄に報いる道はないと決意したのである。

その時、幸隆には一兵の味方もなかった。それゆえ、腹を決めるしかなかった。

戸石城は敵の重要な拠点である。そこに入る以上、命の保証などどこにもなかった。

幸いなことに、戸石城は真田氏のかつての本拠地であった真田郷に近く、城を守る者たちにも顔見知りの者が多かった。幸隆にとって今やそれだけが唯一の頼みの綱であった。

幸隆がたった一人でやって来たことを知ると、城兵は幸隆を中に入れてくれた。

城を守る将兵たちも、なつかしさで、幸隆との昔話に花が咲いた。

彼らと旧交を温め、心が通じたと見た幸隆はそこから懸命に主君信玄の偉大さを将兵たちに訴えに訴えた。

「近い将来必ず信玄公の時代がやって来ます！　信玄公こそ一生を懸けて仕えるにふさわしいまことの大将です！」

幸隆は真剣であった。必死であった。命を懸けていた。

彼らは今までそんな幸隆を見たことがなかった。いつしか知らず知らずのうちに、幸隆の懸命な姿に心を動かされていた。そして、幸隆を信じ、ついに城を明け渡してくれたのであった。

幸隆は信玄が落とせなかった難攻不落の城を対話という武器をもって無血開城させた。それは武田家の重臣たちが誰も目をみはるほどの大手柄であった。

幸隆は信玄の期待に報いることができたのであった。

この戸石城の開城は義清の勢いを一気に低下させた。

信玄は再び勢いを得て、義清を攻め、信濃から追い、幸隆も真田郷を取り戻すことができた。

まさに幸隆は命懸けの勇気の対話で歴史を変えてしまったのであった。

対話の勇者　黒田官兵衛

＊思慮深き人

黒田官兵衛《くろだかんべえ》といえば、秀吉の軍師としてその名が知られているが、事実は軍師ではなく、参謀といった役割だったと思われる。

秀吉が官兵衛に期待をかけたのは、なんといっても、その調略の能力であった。

「調略の能力」とは現代でいえば、対話で相手を納得させる高い外交能力とでも言えるだろうか。秀吉は、官兵衛の中にそのたぐいまれな才能を見いだしていた。

対話で人を納得させることは容易ではない。

単に口がうまければそれでいいということではないからだ。

そこには、いかなる困難にも立ち向かう勇気、不可能を可能にする知恵、なにがあっても絶対に諦めない信念と責任感、そして、なにより相手の心をゆさぶる誠実さが必要であることは言うまでもない。

この黒田官兵衛のことを、当時、日本に来ていた外国人宣教師ルイス・フロイスは「思慮深くまれな才能を有する」人物と評している。

この「思慮深い」ことこそ、官兵衛の真骨頂だったのではなかろうか。

＊誰よりも信長に注目していた官兵衛

官兵衛がその能力を最初に発揮したのは、織田信長の播磨《はりま》（兵庫県）攻略の時であった。

当時、播磨は西の毛利につくか、東の織田につくかで揺れており、官兵衛が仕えた小寺氏も迷っていたが、官兵衛は「信長様こそ、やがて、天下の主になる人物」と信長につくことを説き、小寺氏の使者として信長のもとに行った。官兵衛は、信長に播磨攻略についての献策を堂々と語ったという。

今でこそ、織田信長につくことは当たり前と思われるが、播磨の武将たちにとって、織田はまったくの新興勢力であり、その実力も未知数であった。しかし、官兵衛はただ一人、早くから信長の実力を認め、注目していたのであった。

信長は播磨をはじめとする中国方面の攻略を秀吉に命じたことから、官兵衛は秀吉のもとでその先兵として活躍することになり、「織田はそのうち必ず天下を取りましょう。毛利につくより織田につく方が将来のために得策です」と説いて回り、信長の播磨計略に大きく貢献した。

播磨が平定された時点で、官兵衛の役目は終わるはずであったが、官兵衛の能力を誰よりも高く評価していた秀吉は、その後も、官兵衛を前線に投入し、敵の武将たちとの外交を行わせた。

官兵衛は調略にすべて成功したわけではない。

たとえば、信長に突然反旗を翻した摂津《せっつ》有岡城の荒木村重《あらきむらしげ》の説得に失敗し、そこで官兵衛は幽閉され、1年間牢に入れられたこともあった。また、有名な備中《びっちゅう》（岡山県）高松城攻めでも城主の清水宗治の勧誘に失敗し、結果的に高松城は水攻めされることになった。

外交にあたる人物にとって、なにより数多くの経験を積むことが重要である。

その意味で、多くの失敗を経験した官兵衛はますますその能力を磨いていったことだろう。

＊小田原城無血開城を託された官兵衛

信長死後、天下人への階段を上っていった秀吉の懐刀《ふところがたな》として、官兵衛は常に最前線での活躍を期待された。

天正15年（１５８７）、秀吉は九州平定に乗り出すが、官兵衛は豊前《ぶぜん》（福岡県東部と大分県北部）・筑前《ちくぜん》（福岡県北部）の諸将を勧誘工作によって味方にするなど大きく貢献している。

秀吉のもとで、官兵衛が最後に行った大きな仕事が北条氏への調略であった。

天正18年（１５９０）、秀吉は天下平定の最後の事業として、関東の覇者北条氏を小田原城に攻めたが、官兵衛はその開城工作を託されたのである。

当時、秀吉は20万ともいわれる未曽有の兵をもって、陸と海から小田原城をびっしりと包囲し、小田原城を見下ろす山に一夜城を築くなどして、北条氏を圧迫していた。

だが、城の周囲12キロにわたり堀と土塁が構築されている小田原城はびくともせず、降伏する気配はなかった。

秀吉も、これ以上の無駄な戦は避け、できれば、無血開城を目指したかった。

そこで、小田原城に官兵衛を派遣し、その説得を試みたのであった。

官兵衛は「秀吉様は武蔵（東京都）・相模《さがみ》（神奈川県）の２カ国を与えるといわれています。この条件で降伏されてはいかがでしょうか」ともちかけたが、北条氏は「北条家は関八州を長く領地としてきた家である。それを、今さら、２カ国に削られるくらいなら戦うしかない」とはねつけた。

官兵衛は諦めなかった。

その後も、何度も小田原城へ通い続け、その中で、城中に酒、粕漬けの魚などを贈り、長い籠城をねぎらった。

それは、「長い籠城でさぞかし心身ともにお疲れのことでしょう。うまい酒を飲み、おいしい魚を食べて、その疲れをいやしてください」との官兵衛のねぎらいの心であった。「戦には敵も味方もありません。誰も皆、戦で疲弊しています。だから、お互い、これ以上の無駄な戦は終わらせましょう」。そこには官兵衛の敵・味方を超えたメッセージがこめられていた。

この官兵衛の心はついに北条氏を動かした。

北条氏はわざわざ官兵衛の使者に会い、丁重に礼を言うと、「そちらも長い攻撃でお疲れでしょう。これをもって、我々を攻めてください」と鉄砲の弾となる鉛、弾薬などを贈ったのである。

弾薬、鉛を贈るということは、もう戦はしない、つまり、停戦のサインであった。

北条氏の心を察した官兵衛は「今がその時！」と、腰の刀を捨て、正装をして、城に入り、再び、開城の交渉を行った。
すると、北条氏は官兵衛に今度は名刀と『吾妻鑑《あづまかがみ》』の書物を贈ったのであった。

北条氏が普段から大切にしていたもので、官兵衛への信頼の証しであった。

「我が北条家はあなたを信頼して交渉にのぞみましょう」

こうして再び交渉は開始され、北条氏は小田原城の開城を決意したのであった。

長い戦国時代を終わらせたのは、まさに、官兵衛の誠実な対話であった。

第6章

リーダーの資格

家康と秀頼

＊持ち場を譲らない家康

真田幸村が活躍した大坂の陣では、慶長20年（1615）5月、大坂天王寺口と岡山口において最後の決戦が行われようとしていた。

天王寺口の総大将を徳川家康が、岡山口を家康の嫡子で現将軍の秀忠がつとめることになっていた。

「大御所様、こればかりはなりません！」

これまで秀忠は軍議の席で、天王寺口の持ち場を自分に任せてくれるよう家康に再三懇《こん》願《がん》していたが、家康は頑《がん》としてそれを退けていた。

「大樹《たいじゅ》（将軍）がなんと言われようと、こればかりは譲れぬ！」

家康も頑として秀忠の言葉を聞かなかった。

天王寺口には真田幸村、毛利勝永など大坂方の主力部隊が集中しており、そこが主戦場となることは確実であった。激しい戦闘が予想され、命の保証などなかった。秀忠としては、70歳を越えた高齢の父家康をそんな危険な戦場に送り出すことなど絶対にできなかった。最後まで強硬に持ち場の変更を家康に迫ったが、家康も絶対に譲ろうとはしなかった。

家康はこの天王寺口が最も激戦となることを予想し、あえて自らの本陣を置くことを固く決めていたのである。

「この戦を起こしたのは自分である。そうである以上、この戦の最後を見届けるのも自分でなければならぬ」

当時、家康は74歳、現代の感覚では80代前半というところであろうか。

家康は、この頃、不治の病に侵され、いつ寿命が尽きるか分からない状況であった。事実、家康は翌年に亡くなっている。

そのため、家康は生涯最後の仕事として、豊臣家を滅亡させる戦をあえて起こしたのであった。

＊一人、泥をかぶろうとした家康

家康は初めから豊臣家を亡ぼそうと考えていたわけではない。

家康はさまざまな手段を通じて、豊臣家に主従の逆転を知らしめてきた。今はもう徳川の世であり、豊臣家といえども、その下で大名として生きていくしかない。

豊臣家がそれを認めれば、家康は相応な領地を与え、豊臣家を存続させるつもりであったが、豊臣家はそれを拒んできた。

家康は、自分の亡き後、天下が二つに割れ、再び戦乱の時代に戻ることだけは絶対に避けたかった。

家康には残された時間は少なかった。家康は生涯最後の戦いとして豊臣家をつぶす決心を固めたのである。

家康は最後の最後まで2代将軍秀忠に、そしてそれに続くであろう徳川家の後継の将軍たちの履歴に傷をつけたくはなかった。自ら泥をかぶり、豊臣家を滅ぼすというダーティーな役を一人演じて死んでいこうとしていた。

それゆえ家康は、この戦のすべての責任を自分に課し、最後まで戦いの最前線に身を置いて、命を懸けて後継を守ろうとしたのであった。

＊引きこもる秀頼、一人立つ家康

「大御所（家康）様に続け！」

老齢の家康が先頭に立って一番危険な場所を守ることで、徳川方の諸将の戦意を高揚させる目的もあった。

家康は大将としての勇気、勝利への強い執念が徳川軍20万を支える要であることを何より知悉《ちしつ》していた。

戦というものは、いくら兵の数が多くとも、それをまとめる強力な要の存在がいなければ烏合《うごう》の衆《しゅう》になってしまう。

家康はあえてその扇の要になった。

家康の戦う心は年をとっても少しも衰えてはいなかった。厳しい戦場に臨むほど心は燃

えた。これが戦人《いくさびと》の魂であった。

一方の大坂方は、真田幸村らの将士が「今日が最後」と討ち死に覚悟で臨んでいたが、戦いの要である大将の豊臣秀頼《ひでより》は城に引きこもるばかりで戦場に出ようとはしなかった。

幸村は「天下分け目の雌雄を今日決すべきです。秀頼様がご出馬なされ、軍令を出されれば、兵たちは大いに勇気を得ることでしょう。なんとかご出馬を！」と最後の場面に秀頼の出馬を請うた。

秀頼は大坂城の本丸で近習《きんじゅう》に守られるばかりで、結局、出陣はしなかった。

一説には、幸村が出陣を強く要請したこともあり、秀頼は出陣の準備をしていたが、「秀頼が出馬した後、徳川方の内通者が城に火を放って、徳川軍を引き入れようとしている」との流言により、出馬を取りやめたともいわれる。

大坂方前線の武将は今日を決戦と決め、そこで討ち死にする覚悟を決めていた。彼らの心に報いるためにも、秀頼はなにがあろうとも出陣し、彼等に雄姿を見せるべきであったろう。

最後までそれは空しい願いとなった。幸村らは結局、自分のために戦い、命を捨てるしかなかったのである。

この時、秀頼25歳。甲冑に身を包み、その凜々《りり》しい若武者姿で戦場に出たなら、前線の兵はどれほど奮い立ったかしれない。

幸村は最後の手段として、嫡子大助をも秀頼の元に人質として差し出し、その出馬をさらに強く求めたが、それでも、秀頼は城を出ようとはしなかった。

＊家康、勝利への執念

戦いの趨勢《すうせい》は決まった。

数で圧倒的に勝る徳川方が優勢であることは誰の目にも明らかであった。

だが、戦いというのはやってみなければ分からない。

戦いの現場ではなにが起こるか分からないのである。

それゆえ、家康は最も危険な前線に身を置くことで、将士の心を鼓舞し、さらには油断を戒めたのであった。

事実、戦いは拮抗し、秀頼の出馬を諦めた真田幸村は３５００の兵を率い、一丸となって前面の松平忠直の隊に突っ込んでいった。

それを突破すると、その先にあった家康の本陣に二度三度と斬り込んでいったのである。

「真田左衛門佐《さえもんのすけ》、見参！　家康殿はいずれか！」

家康は側近に守られ命からがら逃げるのがやっとで、徳川家の軍旗までもが打ち捨てられたという。

この様子を九州島津家の記録は「真田日本一の兵、いにしへよりの物語にもこれなき由」と評した。

だが、幸村の最後の奮戦もこれまでであった。幸村はやがて精も根も尽き果て、休息しているところを討ち取られ、その生涯を閉じた。49歳だった。

また、岡山口を守る将軍秀忠も敵に攻め込まれ、自ら槍をもって戦うという激しい戦闘が展開されていた。

徳川軍は合戦には勝ったものの、最後の最後まで予断を許さない戦いであった。

九州鹿児島の大名島津家久は「大坂方もよく奮戦したが家康の勝運の強さが勝負を決めた」とこの戦いを振り返っている。

一番危険なところに飛び込んで陣頭指揮を取った大将家康。安全な場所にいて、前線の諸将を危険な場所に送り込んだ秀頼。

ここに勝負の最後の分かれ目はあった。

家康の勝負運が強いとしたら、それを引き寄せたのは家康の並々ならぬ勇気と勝利への執念であったことは間違いない。

コラム column

不機嫌な家康

この大坂の陣で真田幸村を討ち取ったとされているのは、松平忠直隊の鉄砲頭西尾仁左《じんざ》衛門《えもん》である。

細川忠興《ただおき》の書状によれば、幸村は、家康の本陣を三度も襲い、自身が率いた3000の兵も壊滅し、けがを負い疲労困憊しているところを討ち取られたという。

西尾は初めは誰の首だか分からなかったが、首実検に持っていくと、そこには「真田左衛門佐」と札の付いた首が数多《あまた》あったという。

家康を最後まで苦しめた幸村の首はまさに超一級の価値があった。そのため、武士たちは自分の取った身元不明の大将級と思われる首を幸村の首として首実検に持ってきたので

コラム
column

あった。中には無理やり幸村の首に仕立てられたにせ首もあったことであろう。まさに、そこでは数多くの幸村の首の偽造が行われていたことになる。

しかし、西尾の持ってきた首は他のものとは違っていた。

西尾はその首に鹿の抱角《だきづの》の兜《かぶと》を添えていたのであった。この特徴ある兜こそ、真田昌幸が愛用し、幸村がそれを受け継いだとされる真田家伝来の兜であった。これによって、それが幸村の首とされたのだという。

家康は幸村の首実検に幸村の叔父の真田信伊《のぶただ》を立ち会わせたが、信伊は幸村の首をじっと見て、「幸村の首には見えません。死んで人相が変わっていることから幸村のものとは見極め難く思います」と正直に述べた。

すると家康は急に不機嫌になり、「たとえ、死んだからといっても見分けくらいはつくであろう。まったく、憎きことを言う奴《やつ》だ」と述べたという。

それまで、信伊は家康の覚えもよかったが、大坂の陣以降はこのことがあったためか取り立ててもらえなかったという。

家康は、少々人相が変わっていようとも、信伊に「幸村に間違いありません」と言ってもらい内心ほっとしたかったのであろう。

信伊は正直者ではあったが、少々機転がきかぬ堅物タイプの人物であったようだ。

後に、幸村は大坂の陣で命を落とすことなく、秀頼を連れて薩摩の島津家を頼って逃げていったとの伝承が生まれたのは、このように、幸村の首がはっきりと本人と確認できなかったことによる。

幸村の死は今も謎に包まれているといえる。

○西尾の嘘を見破った家康

西尾は家康に幸村を討ち取った様子を尋ねられると、「誰とは存じませんでしたが、十文字の槍を持って前後左右を突き立て、八方に当たり、土煙を上げて突いて回り、宙を跳び、雷の落ちるようで、その様子は人間業とは思われませんでした。（中略）そんな敵を粉骨を尽くし、秘術を尽くし、最後は討ち取ったのです」と軍記物の武勇伝のような話をした。

西尾は自分の持ってきた首が幸村だと知って、その場で武勇伝をでっち上げ、家康の心証をよくしようと思ったのであろう。

それを聞いた家康、さすがに先ほどの機嫌を直して、西尾を退出させた。

しかし、その後、家康は「幸村ほどの武士が、西尾程度の者を相手に戦うはずはない。

西尾の言うことは武道を知らない者の言うことだ」と述べ、幸村ほどの者が西尾ごときに無様《ぶざま》に討たれるわけはないと、西尾の嘘《うそ》を看破《かんぱ》したという。

しかし、そこは名将家康である。

そのことを西尾の前では決して口にはしなかった。

それを口にしていたら、西尾の武士としてのプライドをズタズタに傷つけていたはずである。

それを知悉していた家康は、とりあえず、西尾に花を持たせ帰している。

見事な人使いといえよう。

大坂の陣での幸村の活躍を目の当たりにした武将たちは、幸村の首実検が終わると、幸村にあやかろうと幸村の毛髪を抜き取って持ち帰っていったという。

家康は最後まで幸村を恐れ、武士としての器量も高く評価していたが、武将たちにとっても、敵ではあったが、幸村の働きは武門の鑑《かがみ》として、大きな感動を与えたのであった。

家臣へのいたわり

*信長からおねへの手紙

織田信長といえば、短気、残虐非道というイメージが強いが、果たして、そういう人物であったのだろうか。

信長は晩年、近江（滋賀県）琵琶湖のほとりに安土《あづち》城という豪壮な城を築くが、ある日、その工事を見にやってきた信長のもとに、家臣である秀吉の妻のおねがたくさんの土産物を持ってあいさつにやって来た。

信長は多忙ではあったが、おねに会い、その感想を後に手紙に書いている。

「あなたから頂いたたくさんのお土産は美しく、珍しく、まさに筆にも尽くせないほどです」

おねは夫秀吉のために心を尽くして信長への土産物を選んだのであろう。

信長はその土産物の中におねの心を見たのであった。

「あなたは以前より、ずっと美しく、上品になられました。秀吉がこのような良い妻に不平不満を言うなどもってのほかです」

おねは思わず信長に心を許して秀吉への愚痴を述べたのであろう。信長はそんなおねの心をくみ取ってやったのであった。

「どこをたずねても、お前さんほどの良い妻は、秀吉には見つけることなどできないのだから、お前さんももっと明朗に奥方らしく重々しく振る舞いなさい。言いたいこともいろいろあるだろうが、じっとこらえて秀吉の面倒をしっかりみてほしいと思います」

信長は男が十分に力を発揮するためには、なにより妻の協力が必要であることをよく知っていた。

秀吉は信長の第一の重臣であり、これからも大いに活躍してもらわなければならない大切な人材であった。

それゆえ、信長はおねに直《じか》に会ってその話をじっくり聞き、おねにアドバイスをしたのである。

信長はこのように、家臣が伸び伸びと戦場で力を発揮できるよう人知れず陰で手を打っていたのであった。

信長は大胆にして細心な武将であった。

信長軍団の強さ、結束の固さは、家臣たちが信長を畏怖《いふ》したからだけではなかった。

信長は陰で頑張っている武将に光を当て、誰よりもこまやかな心遣いを怠らなかったのである。

その心を知ればこそ、家臣たちは信長のために命懸けで戦ったのである。

信長 桶狭間合戦の真実

*奇襲戦ではなかった

桶狭間《おけはざま》合戦（永禄3年＝1560）といえば、奇襲戦の代名詞のようにいわれているが、最近の学説はこれを否定する方向にある。

つまり、織田信長は正面攻撃で今川義元《いまがわよしもと》を打ち破ったというのである。

確かに、今川軍は2万、織田軍は3000、これでは誰もが信長はなにか特別な方法を使って勝ったのではないかと思うのは当然である。

だが、そもそも信長の兵は今川軍の兵士と大きく異なる特徴をもっていた。

当時の軍隊は8割が農兵で、武士はわずか2割程度であったとされている。農兵は、物資の運搬や陣地の構築などの後方支援が中心で、実際に前線で戦うことは限られていた。

また、大将も彼らを死なせてしまえば、村の大事な労働力を奪ってしまうことになり、年貢の生産力を下げることになるため、それはできるだけ避けたかった。

兵というのは数は多くとも、実際に戦う人数は限られていたということである。

それに対して、信長の兵は数こそ少なかったが、信長が自ら育てた旗本・親衛隊という精鋭の武士が中心であった。

彼らは常に主君信長を守ることを使命とし、そのためには命を懸けるという強い決意をもっていたのであった。

信長は今川軍が尾張（愛知県西部）に侵入したことを知ると、たった1騎、馬を飛ばして清洲城を出て熱田神宮まで行き、そこで兵が駆け付けるのを待った。信長はこの戦に賭ける並々ならぬ決意を自らが1騎駆けすることで、彼らの前に示したのである。

「信長様を一人死なすわけにはいかぬ！」

この時点で彼らは信長と生死を共にすることを決めた。腹が決まれば怖いものなどなにもない。

信長は今川軍に落とされた城を尻目に、今川本軍のいる桶狭間山に向かって行った。その様子は、今川軍からはよく見えたという。

＊常識を覆す戦い

時間は昼間、周囲は明るい。

しかも、信長軍は数が少なく、その動きもよく見える。

この状況に今川軍の誰もが信長軍はそれ以上の進軍などしないと思ったことだろう。

信長は寡兵《かへい》にもかかわらず、なんと正面から今川軍に向かってきたのである。しかも、その先頭には信長自身がいるではないか。

一軍の大将というのは、軍の後方、安全な場所にいて、兵に指令を出すのが当時の常であった。

自ら兵を率いて先頭に立つなど、これまでの常識にはない出来事であった。

今川軍の予想・思い込みはここにことごとく覆された。それは彼らの防戦のリズムを大きく狂わせてしまった。

一度脳に強くインプットされた情報は、体の動きにまで影響を与える。

今川の兵は、新たな事態に必死で態勢を立て直そうとするが、体は俊敏には動かない。

なにより、戦いというのは、大将からの指示を待って行うものである。

だが、突発の事態に、そんなものは来るはずはなかった。

彼らは判断を失い、とうとう総崩れを招き、最後には攻め込まれて、大将今川義元まで討ち取られてしまったのである。

信長の必死の一念は家臣たちの強い団結を生み、さらには信長自身が先頭に立って敵と戦う姿は、さらに彼らを奮起させ、それは今川の大軍をものともせず、奇跡の勝利を呼び起こしたのであった。

秀吉の励まし

＊一老婦人への手紙

豊臣秀吉は晩年、朝鮮出兵や秀次事件など失政が目立つようになるが、天下を目指していた壮年のころ、子を失った一婦人に心温まる手紙を書いている。

婦人の名は養徳院。秀吉と同じ信長の家臣で、秀吉の天下取りに尽力していた池田《いけだ》恒興《つねおき》の母である。

恒興は天正12年（1584）、小牧・長久手の戦いで秀吉方として徳川家康軍と戦い、嫡男の元助とともに戦死してしまった。

いかに戦乱の時代とはいえ、最愛の息子と孫を同時に亡くした養徳院の嘆きはいかばかりであったろう。

秀吉は養徳院に「このたび、恒興・元助父子が戦死なされたことについてとても申す言葉もございません。あなた様のお力落とし、お嘆きをお察しいたすばかりです。（中略）

あなた様が途方もなくされておいでだと思い、そのことだけが心配です。ぜひとも、気を強く、お嘆きをやめられ、残されたお二人の子どもたちのために尽くされれば、恆興殿父子のとむらいにもなりましょう」と励ましている。

「今は悲しみにくれるばかりの母に少しでも元気になってほしい」。そんな秀吉の心が伝わってくる。

さらに秀吉は「恆興殿を御覧になられると思われて、この秀吉を御覧になってください。私でよろしければ、どんなことでもいたします。（中略）こちらの都合をつけ、お見舞いにうかがい、恆興殿親子が昵懇《じっこん》にしてくださったことなどをお話ししたいと存じます。あなた様のお心を思って、御いとおしく思います」と綴《つづ》った。

母にとって、自らが手塩にかけ、立派な武将に成長した我が子の戦死はどれほど悲しく悔しかったことだろう。

なにより自慢の息子であり、孫であった。

秀吉はそんな母の嘆きを我がものとして誠心誠意思いやっている。

「あなた様の息子を御覧になると思ってこの秀吉を御覧になってください」との言葉にはそんな秀吉の真心がにじみでている。

大きな悲しみの中、秀吉からの書状を読んだ養徳院は、秀吉の存在を心強く思ったに違いない。

秀吉はこの他にも何通も養徳院に激励の手紙を送り、それからもずっと見守っていた。

この秀吉の激励の言葉を胸に、養徳院は94歳まで長生きし、二人の息子を立派に育てあげた。

特に、次男の輝政は名将に育ち、世界遺産として有名な姫路城を事実上築城したほか、その後、備前岡山32万石の藩祖となり、幕末まで続く池田家繁栄の基礎を築いた。

秀吉の激励を胸に、母は勝ったのであった。

小事を見逃さない

＊領民の食卓をも気にかけた伊達政宗

「独眼竜」の異名をもつ伊達政宗《だてまさむね》は天下人豊臣秀吉、徳川家康をも恐れさせた名将であり、関ヶ原の合戦（慶長5年＝1600）では、家康の命を受け、120万石の大大名であった会津の上杉景勝《かげかつ》の動きを完全に封じ込める活躍をするなど、家康の天下平定に大きく貢献し、その屈指の実力は誰もが認めるところであった。

また、政宗は、東北仙台に青葉城を築き、その繁栄の礎を築いた人物でもある。

政宗はただ戦に強いだけの武将ではなかった。

関ヶ原の合戦後、政宗は仙台を拠点として、新たな領国の経営を開始したが、そこにある一つの小さな〝事件〟が起こった。

例年ならとっくに出回っているはずの鱈《たら》が、まだ、城下に出ていないのである。

鱈は、領民たちが年越しの際に食べる大切な魚であった。それがその年は正月半ばを過ぎても、まだ、城下に出回っていなかったのである。

政宗は当時62万石の殿様であり、鱈など取り寄せれば、いくらでも食べることなどできた。たとえ、城下にそれが出回らなくとも自らの日常生活にはなんら支障はなかったはずである。しかし、政宗は、城下に鱈が出回らず、皆が困り果てているという事実を重視した。

政宗はさっそく小姓頭であった成田頼継《よりつぐ》に書状を書いた。

「今年は今になっても鱈が出回っていない。聞くところによれば、伊達・相馬の地には出ているというではないか。浜の漁師たちがなにか理由があって出荷を控えているのであろうか。売り惜しみなどせず、早く安心して商いができるよう念入りに申しつけなさい。島や浜の漁師たちが気遣いなどしないよう、よくよく申しつけ、浜に代官を置く家臣たちに彼らを説得するよう。また、奉行にも書付を回して政宗の考えを伝えなさい」

政宗はこの〝事件〟の背景に出荷停止という事実があることを見逃さなかった。

大きな事件、事故というのはこのような小さな出来事を見過ごすところから起こってくる。

それゆえ、政宗はこの小事を重視したのである。

そして、徹底的にその原因を究明するとともに、一日も早く、領民たちが安心して鱈を食べられるように心を砕いたのであった。

政宗の目はいつも領民たちに向けられていた。

だからこそ、彼らの暮らしにまでこのような細かな心配りができたのである。

「民の繁栄こそが国の繁栄である」

それを胸に刻んでいた政宗こそ、まさに真の名将であった。

伊達家の男気

＊幸村に心酔した片倉重綱

伊達政宗の重臣片倉小十郎重綱《しげつな》は大坂夏の陣で真田幸村と戦い、その見事な采配ぶりを目前で見、感動を抑え切れなかった。

「あれほどの武士が世にいようとは」

翌日、幸村が家康の本陣を三度も襲い、家康を最後まで追い詰めたことを聞き、いよいよ幸村に心酔するばかりであった。

その片倉小十郎は、大坂の陣後、幸村の娘を妻にし、片倉家の家紋まで真田家と同じ六連銭（六文銭）に替えてしまったという。

この片倉小十郎が幸村の娘を妻にしたいきさつについては、次のような話が伝わっている。

『老翁聞書《ろうおうききがき》』という書物によれば、幸村は大坂城に留めておいた娘阿梅《おうめ》を決戦の前日の夜に片倉小十郎に託したというのである。

幸村は敵ながら、伊達家の片倉小十郎を頼むに足る人物と見抜いたのであろう。

一説には、小十郎は阿梅ばかりではなく同じく幸村の娘のおかねや次男大八までも保護していたという。

幸村は家族をすべて置き去りにして大坂城へ入城したわけではなく、こうして子供たちを連れてきていたのである。

＊幸村の子をかくまった伊達家

大坂落城後、幕府による落人狩りは徹底して行われ、大坂方の武士の子、特に男子は殺され、家は根絶やしにされていった。

真田幸村の子も例外ではなかった。

その中にあっても、伊達家は危険を顧みず、幸村の子をかくまった。

「偉大な人物に敵も味方もない！　その血を絶やすことなどできるか！」

伊達家では、政宗の代こそ大八を召し抱えなかったが、政宗の死去後、跡を継いだ忠宗のときに大八を仙台藩士として真田四郎兵衛守信と名乗らせ召し抱えようとした。

だが、「真田」という名に疑惑をもった幕府は守信の家系の調査を命じてきたのであった。

伊達家では、このことをあらかじめ想定していた。

そこで、伊達家は、守信は幸村の父昌幸の弟信伊《のぶただ》の子の政信の子であるという偽系図《ぎけいず》を創作して幕府に提出した。もちろん、信伊には政信などという子などはいない。

伊達家はそこまでして守信を守り通した。

伊達家にとって、真田幸村は特別な存在であり、どうしてもその血を守りたかったのである。

この後、守信は片倉沖之丞と改名して1000石の知行を受け、食客として伊達家に仕えた。ただ、幕府への遠慮から家紋は「六連銭」ではなくもう一つの真田家の家紋「結雁金《むすびかりがね》」とした。

延宝元年（1673）11月、幸村の兄信之の血を引く松代藩主真田幸道が仙台藩主伊達綱村に招かれたことがあった。

その時、幸道は仙台藩の接待役の中に「結雁金」の家紋をつけた武士を見つけ、その由来を尋ねた。

その武士こそ、まさに守信の子辰信《たつのぶ》であった。

「幸村の血を引く武士が伊達家にいるとは！」

幸道の驚きと感動はいかばかりであったろう。

片倉と名乗った大八の家系が再び真田姓に戻るのは、正徳2年（1712）2月のことであった。

守信はもう亡くなり、その子辰信の時代になっていたが、その辰信に「将軍家を憚《はばか》るに及ばざる」という内命があり、それによって辰信は片倉という姓を誰に遠慮もなく再び真田に戻したのであった。

しかし、辰信は真田姓に戻ると同時に食客として拝領していた1000石の知行を伊達家に返還した。

理由は「功なくして賜る世禄の恩、報いざる可からず」という仙台真田家の家訓を守るためであったという。

思えば、仙台真田家はただ幸村の血を引く家系という理由だけで今まで知行を受けてきた。そこでは、伊達家に対してなんら功績があったわけではなく、実力で勝ち取ったものではなかったのである。

真田家はなにより武門を誇りとする家であった。だとしたら、主君からいただく知行は、実力で勝ち取ったもの以外、受け取るいわれはなかった。

幸村が生きていたとしたら、辰信にそう言ったはずである。

辰信は幸村の子孫として、その幸村の心を我が心とした。

真田家がこの先繁栄するかどうかは、その初代の心をどう継承していくかにかかっていた。

だから、辰信は自らその意地をどうしても貫きたかったのである。

コラム
column

武田信玄の人材論

武田信玄の治世などを記した甲州流軍学書『甲陽軍鑑《こうようぐんかん》』によれば、信玄の家臣の統率術や人材の見分け方などについて、次のように記されている。

家臣を統率する5つの原則

①大将たるものは家臣の人材を的確に評価し、その能力に応じて適材適所に配置すべきである。

これについては、現代でも常日頃から言われていることで、なんら目新しいものではないが、昔も今も人材を適材適所に配置することは最も重要かつ難しいことであった。

草木にたとえれば、草木には水中に入れれば枯れるものもあれば、逆に岡の上では枯れるが、水中では生い茂るものもある。そのようなことをわきまえなければ、人材の判定を誤ることになる。

②家臣の功・不功を公正に、客観的に評価すべきである。

大将たる者は、家臣の手柄を横取りしたり、大功を軽く扱ったりしてはいけない。そうすれば、家臣たちは判断基準に迷い、規範を無視し、勝手な行動をするようになる。

③恩賞は必ず功績に応じて行わなければならない。

手柄に上中下があるとすれば、上の手柄を下に扱い、下の手柄を上に扱い、中を上に扱い、その判断の上に所領を与えたり、ねぎらいの言葉をいい加減にかけたりすれば、本当に優れた人物、また、頑張った人物は張り合いを失い、忠功の心がけも失ってしまうことになる。そうなれば、いざ合戦の時にはたいした働きをしなくなるものである。

④家臣には慈悲の心で接するべきである。

大将に慈悲の心がなければ、大身で有力な家臣ばかりを重んじ、小身の家臣の奉公ぶりを認めようとしなくなる。そうなれば、小身の家臣たちは忠功や忠節を尽くすことをしなくなり、戦いの時には、全軍が積極性を失うことになる。さらに、小身の家臣たちは我が身大事とばかり考えて、万事控え目になり、力を発揮しなくなるのである。

⑤大将は必要な時には怒気をあらわし、家臣の心を引き締めることも大切だが、その怒り方は思慮分別に欠けていてはならない。

大将があまり怒ることがなければ、家臣は油断するものである。油断が出ると思慮のある人も法度《はっと》にそむき、上下ともに損失を受ける。怒りを示す場合には家臣の罪の上中下にふさわしくし、軽い罪については許すことも必要である。これが法度の基礎である。

○信玄の人使いについて

信玄は「大将が実績もないうちから名声を欲しがるのは、恥の根本である。それを知らぬ大将は人が褒めさえすれば、その者を大事にして、忠節忠功の侍を悪者扱いにし、その恨みを受けるのである。家臣の恨みは必ず人罰となって、大将の身に及ぶ。そうなれば、味方は大きな兵力を持ちながら、負けるはずのない小勢の敵に敗れ、汚名を受けるのである」と述べたという。

さらに、「人の使いようというのは人を使うのではない。能力を使うのである。政治を行うにあたっても、能力を使うことを眼目とする。能力を殺すことがないように人を使ってこそ、満足できるのだ」と語っている。

また、「信念を持たぬ者は向上心がない。向上心のない者は研究心を持たない。研究心のない者は必ず不当な発言をする。失言をする者は、のぼせあがったかと思えば、消極的になる。そのような者は言行が一致しない。言行が一致しない者は恥をわきまえない。恥知らずの者にはなにをやらせても役には立たぬものである」と言ったといわれる。

信玄の家臣の人物判定7カ条

①油断のある人を静かな人物と見誤ってはいけない。

たとえば、うっかり者を沈着な家臣と見間違えてはいけない。

②そそっかしい人をすばやい人物と見誤ってはいけない。

③動作の鈍い人を沈着と見誤ってはいけない。

コラム column

④そそっかしくて、早合点の慌て者を、機敏な者と見誤ってはいけない。

そそっかしくて早合点な人物は、大事の時には慌てふためくものである。こういう家臣はいざという時は物の役には立たないものである。

⑤物の分からぬ人物は、道理が分からないために、はっきりと物を言わないものである。それを慎重な人物だと見誤ってはいけない。

⑥深い考えもなく軽く物を言う者をさばけた人物と見誤ってはいけない。

⑦なんらの信念も自信もない人物に限って、よく知りもせぬのに自説に固執して案外に強情なものである。これを、剛強で武勇にたけた人物と見誤ってはいけない。

武田信玄の人材論は、現代に通じるものが多い。

第7章

発想の転換 ピンチこそ最大のチャンス

奇跡の勝利 厳島合戦

＊厳しい時が勝利をつくる

弘治元年（１５５５）９月、毛利元就《もうりもとなり》軍の守る安芸《あき》（広島県）厳島《いつくしま》の宮尾城は陶晴賢《すえはるかた》２万の兵の猛攻にさらされていた。

城を守る兵はわずか５００。

しかも、堀は埋められ、水の手も切られ、落城は時間の問題となっていた。この城が落ちれば、瀬戸内海の制海権は陶方に握られ、毛利の本拠地安芸は海から攻められることになる。

毛利も４０００の兵を確保するのがやっとで、勝負をかけるにはこの狭い厳島に敵を集結させ、そこで一か八かの戦いを挑むしかなかった。

宮尾城は厳島に敵をおびき寄せるために元就が築かせたおとりの城でもあった。

元就は城の窮状を聞いて、船で救援に向かうことを決めた。

出発と決めた深夜、にわかに暴風雨となった。

「この天候では無理でございます！」

家臣たちは出陣の延期を進言した。

出陣が一日でも遅れれば、それだけ戦況は厳しくなる。

元就は「風雨こそ天の加護。この激しい雨は敵の視界を遮り、敵の油断をも誘う。一番厳しい今こそが最大の勝機である！」と家臣たちに誇らかに言い切った。

元就は自らの心をこうして奮い立たせた。この元就の確信にあふれた言葉に家臣たちも奮い立った。

暴風雨の中、毛利軍２５００は船で厳島に向かったのであった。

一方、厳島の陶方の兵士は暴風雨におじけづき、また、「この天候では敵の上陸はない」と考え、見張りを怠った。

毛利軍は敵に見つからずに城の背後に無事上陸することができたのであった。

島に着くと、元就は乗ってきたすべての船を帰してしまった。

「これで、我々はもうどこにも逃げられなくなった。島から出るには敵に勝つしかない！」

元就とその兵たちは腹を決めるしかなくなった。

合言葉を「勝つ」と聞けば、「勝つ」と答えると決め、五体に勝利のリズムを刻みつけた。

そのころ、毛利のもう一隊1500も厳島の敵の前面に上陸した。

暴風雨のすぐ後で辺りは暗く、自分たちの目前に敵が上陸するとは思ってもみない陶方は、なんの疑いも持たずに上陸させた。

援軍の到着を確認した元就は電光石火、前面と背面から敵を攻めた。

「毛利軍の上陸などあるはずはない」とたかをくくっていた陶軍はいきなりの敵の急襲に混乱した。狭い場所に2万もの兵がひしめいていたため身動きも取れず、ろくな応戦もできずに、たちまち総崩れとなり、完敗してしまった。

元就は最悪の条件を逆手に取り、それを追い風に変えると、決死の覚悟を披歴して鉄壁の団結を生み、大逆転勝利をもたらしたのであった。

一瞬の勝機に賭けた真田昌幸

*信州上田城の攻防

慶長5年（1600）9月、徳川家康の嫡男秀忠率いる3万8000の大軍は真田昌幸の居城信州上田城（長野県上田市）を囲んでいた。

この時、城を守る真田の兵は2500。数の上では勝負にならない。

秀忠は家康の命を受け、中山道《なかせんどう》を美濃（岐阜県）に向かって進軍中であったが、その途中、敵方となった上田城を落としその勢いをかって街道を一気に進むつもりであった。

「こんな小城一つ落とすのにわけはない」

秀忠は自信満々であった。

「真田も10倍を超す大軍を前におじけづいているに違いない」

そう判断した秀忠は上田城に使者を送り、即時の降伏を勧告した。

これに対して、昌幸はいったん降伏の姿勢を見せた。

しかし、昌幸は初めから降伏する意思などなく、時間を稼いで防戦の準備を整えようとしていたのであった。

それを知った秀忠は怒って、城攻めを決意し、城の周辺の稲を刈り取らせ、城に打撃を与えようとした。

これを見ていた上田城の兵たち数十人がそれを妨害しようと城から出て行き、両者は激しくもみあった。

数では圧倒的に勝る徳川軍である。少数の敵兵などものの数ではなかった。真田の兵を追って城の大手門まで押しかけていった。

敵を十分引きつけたとみた上田城の兵たちはそのとき徳川軍に櫓の上から一斉に矢や鉄砲を撃ちかけ、城門を開いて兵を繰り出していった。

大軍におじけづいて逃げたとばかり思っていた兵の突然の応酬に、今度は徳川の兵が肝を抜かれた。

彼らにとってみれば、少数しかいない真田は、大軍である徳川軍に攻撃を仕掛けることなどあり得るはずはなかった。

その真田が牙をむいて襲ってきたのである。

一度恐怖心が芽生えた兵は応戦もできず、ただ逃げるしかなかった。

そこに真田の兵が襲いかかり、徳川軍の兵は多くの犠牲者を出してしまった。

＊関ヶ原参戦を阻止した真田

それ以降、真田はまったく動こうとはしなかった。

それはかえって徳川軍に疑心暗鬼を生んでいった。

下手に城を攻めれば、今度は真田のどんな策が待っているか分からない。もし、再び徳川軍が敗れれば、大軍の面目は立たなくなる。

そう思うと、積極策は取れなくなってしまった。

そんな時、大将の秀忠のもとに家康より進軍を催促する書状が届けられた。そこで秀忠は城攻めを諦め、急ぎ美濃に向かうことになった。

そこでも、徳川軍は背後から真田が攻めてくるのではないかという恐怖で、わざと足場の悪い間道を進み、時間を浪費することになった。

こうして、秀忠は上田城攻めに1週間という期間を費やしてしまい、さらに、時間のかかる間道を進んだために、9月15日の関ヶ原合戦に間に合わなくなってしまった。

真田昌幸は寡兵《かへい》でその10倍もの大軍を翻弄《ほんろう》し、秀忠の本戦への参加を阻止することに成功したのである。

３万８０００の軍勢がわずか２５００の兵に負けるなど常識では考えようがなかった。しかも、そこには榊原《さかきばら》、大久保、本多という徳川歴戦の将が秀忠を支えていたのである。

勝負はやってみるまで分からない。

徳川軍は大軍であるがゆえに、そして、負けるはずのない完璧な布陣であるがゆえに、敵を侮る一瞬のおごり、油断が皆の心に生じたのであった。

名将真田昌幸は敵の一瞬の心の隙を見逃さず、そこに勝負を賭け、見事に勝利をつかんだのであった。

攻める心の勝利

＊小牧・長久手の合戦

天正12年（１５８４）、後にそれぞれ天下人となる羽柴秀吉と徳川家康・織田《おだ》信雄《のぶかつ》連合軍は尾張西部（愛知県）で雌雄を決すべく対峙していた。

兵力は秀吉約11万、徳川・織田連合軍約１万８０００。数字だけみれば、家康らに勝ち目などまったくない。

家康は一歩も退くことはなかった。

確かに、秀吉は大軍である。しかし、それゆえの弱点もある。たとえば、対陣が長くなれば士気は緩《ゆる》み、食糧などの補給も困難を来《きた》してくる。

家康の軍は目も届きやすく士気の低下を防ぐことができるばかりか、いざというときの機動力は秀吉以上である。

そう思えば、決して負けることなどない。

家康はどんな状況になっても攻める心を失わないことを心がけた。

攻める心を失えば、そこから臆する心が芽生えてくるからだ。

戦においては臆した瞬間から恐怖心が芽生え、命に敗北のリズムが刻みつけられる。そうなれば何をやっても勝ち目はない。

逆に、攻める心があれば、マイナスさえプラスに変えることもできる。

確かなことは、この戦は先に動いた方が不利となるということである。

「にらみ合いの時間が長くなれば、秀吉は大軍ゆえに数を頼みに必ず焦《じ》れて先に動くことになろう。そこを一挙に突けばよい」

家康はそう考え、秀吉が動くのをじっと待った。

だが、秀吉も百戦錬磨の名将である。先に動くことの不利は分かっていた。しかし、家康の5倍以上の兵を有しながらただじっとしているだけの状況には限界があった。

なにより、兵の士気が低下してしまうことになる。しびれを切らした秀吉は、一軍で家康の領国三河（愛知県東部）の岡崎城を攻め、もう一軍で家康の本陣を突けば勝てるという進言を取り入れ、1万6000の兵を三河に向かわせた。

秀吉はついに動いた。

この報を得た家康は４５００の兵を直ちに先発させ、夜半には家康自身も出陣した。家康はここが唯一の勝負所と踏んだ。

秀吉軍は大軍であるゆえに行軍の速度は遅く、さらには途中で城を攻めるなど無駄な動きを取ったため、家康軍に追いつかれ、背後を襲われることになった。家康自身も敵を足場の悪い湿地帯に追いこみ、追撃をかけた。

不意を襲われた秀吉軍は態勢を整える暇もなく壊滅し、逃げるのがやっとであった。

家康はついに秀吉軍を打ち破ったのである。

この戦いで、家康は秀吉に勝ったただ一人の武将としてその名は天下に轟き、秀吉は家康に一生負い目を感じることになった。

家康はどんな最悪の状況でも勝利を信じて、攻める心を最後まで持ち続けた天下一の名将であった。

義経の決断

○一人立った義経

文治元年（1185）2月、源義経《みなもとのよしつね》は平家追討のため、摂津（大阪府）渡辺の地から船で四国に渡ろうとしていた。だが、その日は暴風雨で船の多くが破損してしまうという状況であった。

暴風雨が過ぎ、海が安定してから渡海するのが通常であろう。

事実、兵士は船出をしようとはしなかった。

だが、義経は「朝廷から平家追討の命を受けた以上、風波の難など問題にすべきではない！」と渡海の強行を主張した。

コラム
column

義経は暴風雨を恐れなかったのではない。

追い詰められているとはいえ、敵・平家の力はまだ強大であった。

だから、義経は、自らの平家追討にかける思いの強さ、そしていかに困難があろうともそれを必ず成し遂げるという並々ならぬ決意を披歴し、兵士たちの臆する心を打ち破ったのであった。

これに対し、同じ追討軍の梶原景時《かげとき》は「よき大将というのは、進むべきところは進み、退くべきところは退き、身をまっとうして敵を滅ぼすもの。そのように融通《ゆうずう》の利《き》かぬのは猪武者《いのししむしゃ》といって良将とは申しません」と反対した。

梶原はあくまでも良識的な判断を重視し、義経の無謀さを非難したのであった。

これに対して義経は「猪か鹿かは知らぬが、戦はただ正面から攻め勝ってこそ、よき勝利と申すもの」と、風雨の中の渡海を決行した。

「今こそが戦う時である！　その今を逃してしまっては、勝機など来ない！」

兵たちも大将義経の堂々たる確信にあふれた姿を見て、その後に続いた。

義経らが阿波（徳島県）に着くと、屋島を守る平家の軍勢は１０００騎足らずで手薄になっていた。

「今をおいては二度と勝負の時などない！」

義経は夜を日に継いで進軍し、翌朝には屋島（香川県）に到着した。

義経は直ちに屋島の背後を襲い、大軍が到着したかのように見せかけた。

「敵は正面から来る」

そう思っていた平家軍はここで意表をつかれ、動揺した。

すかさず義経の兵が海の浅瀬を渡って急襲してきた。

「水軍を持たない源氏が海から攻めてくるはずはない！」

ここにも、平家の強い思い込みがあった。

平家の兵は、すっかり思惑が外れ、ただただ慌てふためいて海上に逃げていくしか術《すべ》はなかった。

こうして、平家は屋島という瀬戸内海の重要拠点を失うことになり、壇ノ浦での決戦に追い込まれることになった。

義経の兵は決して多くはなかったが、義経はそれをスピード、そして、敵の思い込みを逆手に取る発想で大きくカバーし、勝利をもたらした。

義経の決断は兵士の心に不可能を可能にする勇気を生み、皆が一丸となって強敵に勝利することができたのであった。

○義経の見たもの

義経が平家との決戦を急いだのには理由があった。

当時の記録『方丈記』によれば、「春・夏は日照り（干ばつ）、秋には大風、洪水が発生し、五穀がことごとく生産できない。これによって、国中の人々は土地を捨てて、国境を出、家を捨てて山に住む。乞食は路のほとりに充満し、嘆き悲しむ声が消えることはない。（中略）今年はそれに加えて疫病までが蔓延《まんえん》している。築地《ついじ》の前や道のほとりには飢え死にする者が数を知らず、それを片づける者もいないので、悪臭が満ちている」と記されている。

飢饉、疫病が蔓延するこの悲惨かつ凄惨《せいさん》な時代状況の中で、平家と源氏の戦いは繰り広げられていたのであった。

平家は、源氏との戦を継続できず、しばらく休戦状態に追い込まれている。それは源氏軍も同様で互いに合戦の兵士を支える食糧、つまり兵糧《ひょうろう》の不足はいかんともしがたかった。

諸国では土地を捨てて逃げ出す百姓が相次ぎ、田畑は荒廃し、戦争のために食糧を出す余裕などどこを探してもなかったのである。

治承3年（1179）、朝廷は打ち続く大飢饉で疲弊する諸国の救済のため、兵糧米の停止を命じる宣旨を出した。まさに、合戦などできる状況ではなかった。

源氏方の記録『吾妻鏡《あずまかがみ》』には「平家追討のために赴いた東国武士たちが船もなく、兵糧も絶えて、合戦をする術を失っている。（中略）兵糧が欠乏しているため、武士たちの心が一つにまとまらず、それぞれ本国を恋しく思い、過半の者が逃げ帰りたいと思っている」と平家追討に向かった源範頼軍の状況が記されている。

慢性の兵糧不足は源氏軍の戦う意欲さえも奪っていた。

○義経の戦い

この状況を知った義経は自ら平家追討に乗り出すことを決意した。

義経は頼朝から都の守護を命じられていたが、後白河法皇に嘆願して許しをもらい単独で平家追討に向かったのであった。

義経は、四国屋島で平家軍を破り、やがて平家を壇ノ浦に追い詰め、最後の決戦を挑み、

コラム column

即戦速攻で、平家を壇ノ浦において滅ぼすことに成功する。

義経は都を出てから、わずか3カ月で平家を滅ぼすという離れ業をやってのけたのである。

だが、なぜ、義経は頼朝の命を無視してまでも、一人平家追討に走ったのであろうか。

宮田敬三氏は「屋島・壇ノ浦合戦と義経」(吉川弘文館『平家物語を読む』所収)の中で「義経は自らの決断により短期決戦で平氏追討を終結させた。これは、内乱の終結を願う人々の願いを叶《かな》えるものであった」としている。

義経はこの戦の背景にある、飢饉・疫病による民衆の疲弊を人一倍強く感じていた。それは、自らが進んで兵糧の停止を行おうとしていたことからも明らかであろう。このまま戦が長期間続けば、さらに諸国は疲弊し、民百姓の嘆きは収まることはない。義経はそれに歯止めをかけようとしていたといえる。

『平家物語』は義経を「情け深き人」と評する。また、京都の公卿九条兼実《くじょうかねざね》も「義士というべきか」とその日記『玉葉《ぎょくよう》』に記している。

義経が後世「判官びいき」とされる所以《ゆえん》もそこにあったのかもしれない。

義経が時代の中に見たもの、それは飢餓と疫病に苦しみ抜く数多の民衆の姿であった。

ゆえに、彼は平家との合戦を早期に終わらせることで、その解消をはかろうとしたのではなかろうか。

コラム column

上田城の金箔瓦

コラム column

○上田城で発見された謎の金箔瓦

近年、町おこしなどで戦国時代の城の発掘がさかんに行われているが、その現場では今まで考えもしなかった事実が次々と判明している。

その一つが金箔瓦《きんぱくがわら》の発見である。

金箔瓦といえば、織田信長が安土城の天守閣に初めて使用したことで有名だが、今日それが思いもかけない所で発見されている。

長野県上田市にある上田城——。

上田城は戦国時代の戦巧者真田昌幸が築いた城として有名である。

現在、我々が目にする城跡は真田氏の後に上田城に入った仙石氏が再築したものであり、真田時代のものではない。真田氏が築いた上田城は関ヶ原合戦の後、幕府により跡形もなく壊され、城跡は一時畑地になっていたほどであった。

仙石氏は、幕府の命を受け、上田の地に入り、かつての上田城の跡地に自らの城を築いたのであった。

仙石氏が上田城に入った寛永3年（1626）ころは、「武家諸法度《ぶけしょはっと》」により城の築城は大きく制限され、豪勢な城を築くことなどできなくなっていた。

築城に当たっていた仙石忠政の急死などもあって、上田城は本丸部分を除いて未完成であったといわれている。

そのため、城は質素で天守閣などはなく、それに代わる櫓も2層程度のものが本丸に7基あっただけであった。

さらに、城は中心の本丸のみに門・櫓を配しただけで、二の丸や三の丸には櫓はおろか塀もなかったというからかなり質素な造りであったことが分かる。

その質素であったはずの上田城の跡から、なんと、金箔瓦が見つかったのである。

○豪華絢爛だった上田城

金箔瓦は読んで字のごとく瓦《かわら》の前面に金箔を張った大変ぜいたくな仕様の瓦で、織田信長、豊臣秀吉の時代、いわゆる安土桃山時代の城を中心に使用されたものである。

その時代の城はどこでも金箔瓦を使用したのかというとそうではない。織田信長、豊臣秀吉といった権力者のステータスを担ったものだけがその使用を許されていたのである。

さて、上田城の金箔瓦は本丸の堀の浚渫《しゅんせつ》工事や城跡の公園整備にともなう発掘で見つかったもので、鯱《しゃち》瓦、鬼瓦、鳥衾《とりぶすま》瓦の3種類が出土している。

金箔瓦が見つかったということは、そこには金箔瓦にふさわしい豪華絢爛《けんらん》な建物があったということを示している。

そんな豪華な建物が質素な上田城にあったとはとても考えられない。また、大名の居城にうるさく注文をつけていた徳川幕府がそれを許可したとも思えない。

とすると、この金箔瓦は旧上田城、つまり真田氏時代の上田城の遺物と考えるのが自然であろう。

この金箔瓦は本丸西側の堀底から多く見つかっている。かつて、本丸西側には真田時代になんらかの建物があったと推定されてはいたが、そこから金箔瓦が見つかったということは、一つのカルチャーショックである。

そこにあったと推定される真田時代の建物は、仙石氏の上田城とはあまりにも異なる豪華なものであった可能性が高くなってきたからである。

先に述べたように、関ヶ原の合戦で西軍についた上田城主真田昌幸は次男の幸村ととももに徳川家により紀州九度山《くどやま》に流され、その居城であった上田城は慶長6年（1601）ころに完全に破却されている。

その際、破却された建物は瓦とともに本丸の堀に捨てられ、その堀も跡形なく埋められ、現代まで封印されたままであった。金箔瓦はその堀の中から出てきたのである。

この金箔瓦の発見は、真田氏時代の上田城が豪華絢爛な城であったことをなによりも証明していた。

金箔の鯱瓦の出土から、上田城には本丸の隅に金箔瓦を施したきらびやかな天守閣が存在した可能性も高くなってきた。

というのも、真田氏が上田城を築いたのと同時期に築かれた同じ信州の松本城、諏訪高島城、小諸《こもろ》城には天守閣が築かれているからである。

天守閣は城の重要な軍事的建造物であり、城のステータスシンボルでもあり、城に天守閣を上げることは一つの流行でもあった。

上田城では本丸以外の場所からも金箔瓦が出土していることから、真田時代の上田城の櫓の数も現在のものよりはずっと多く、そこにも金箔瓦が使用されていた可能性が高いとみられている。

上田城は真田時代には光り輝くまばゆいばかりの城であったことになる。

当時、信州の人々は屋根を金箔瓦で葺《ふ》いた城など見たことはなかった。まさに畑の中に竜宮城が突然出現したような驚きだったことであろう。

秀吉は、こうして、自らの信頼する家臣の城には、金箔瓦の使用を認めた。

領民たちは、その城を見ることによって、豊臣政権のすごさを実感したのであった。

そして、上田城も豊臣政権を象徴する城の一つとして、豪華絢爛な輝きを放ち、人々を魅了したに違いない。

第8章

勝利への執念
必ず勝つ！

名将柴田勝家の勇気

＊水の手を切られた勝家

柴田勝家といえば「鬼柴田」の異名を取るほど織田信長の家臣の中でも勇猛果敢、戦上手なことで知られている。

現在も勝家が合戦に際して築いたとされる城（陣城）が滋賀県などに残っているが、その縄張り（構造）は巧みで、勝家が並の武将でなかったことを示している。

さて、信長は元亀元年（１５７０）近江（滋賀県）の戦国大名浅井氏との戦いに及んで柴田勝家を近江長光寺城に入れた。

ところが、それを知った浅井方の六角義賢《よしかた》が城を包囲したのである。

だが、名将勝家の指揮のもと、城兵は一致団結して城を守ったため、城はびくともしなかった。

この城には唯一弱点があった。城内には井戸がなく、城兵は城の背後の谷から水を汲んで飲料水にしていた。

地元の郷民から、この話を聞いた義賢は喜び勇んで、当然のように谷を押さえた。そして、城への水の供給源を絶ち、勝家らを渇死させる作戦に出たのである。

水がなければ生きてはいけない。

「これで城は落ちる！」。そう、義賢は踏んだ。

さらに、義賢は城内の様子を探るために、和平の使者と称して平井甚介という家臣を城に送り込んだ。

平井は大将柴田勝家に会うと、差し障りのない話をした後で、「手を洗いたい」と言いだした。

勝家は、すぐに家臣に水をもってこさせた。

彼らは、二人がかりで水の入った容器をかついできて、その水で十分に平井の手を洗わせると、残った水を惜しげもなく捨ててしまった。

平井はこのことを義賢に告げ、「城内は水に困っていないようです」と報告したので、義賢はもうしばらく様子を見ることにした。

＊水がめを割った勝家

実際には、城内に蓄えた水はもう底をつこうとしていた。

城内では、すでに兵たちに必要最低限の水しか飲ませてはいなかったのであった。

勝家は、敵を欺き、油断させたのであった。

勝家は家臣を呼んで、城内の水がめを調べさせたが、そこには、もう3つのかめしか残ってはいなかった。

それを知った勝家は、「これが最後の宴になろう」と酒宴を催し、兵たちに城内にある食べ物と酒を飲ませた後、城兵に命じて城内の水がめをすべて集めさせ、その水を彼らに心ゆくまで飲ませた。

「これまで、不自由な思いをさせたな。さあ、存分に飲むんで喉の渇きをいやすがよい」

彼らは大事そうに水を飲んだ。しかし、遠慮しながら飲んだのであろう。

かめにはまだ水が残っていた。

しかし、勝家はかめの前に立つと、その水がめを長刀《なぎなた》の柄《つか》で思い切り叩《たた》き割ってしまったのであった。

これで、城内には1滴の水もなくなってしまった。

「この城で渇き死ぬか、敵に打って出て死ぬか。どちらか一つじゃ！　どうせ同じく死ぬのなら、敵と堂々と戦って柴田の意地を見せてやろうではないか！」

勝家はそう宣言した。

「おーっ！」

城兵はこの勝家の言葉に心から奮い立った。

彼らはこれまで常勝柴田軍団の一員であることに大きな誇りをもってきた。勝家と共に生涯最後の一戦を戦えるなら本望である。何より、大将の勝家自身が命を捨てていた。その思いが彼らの胸を強く打ったのであった。

柴田軍全軍の兵は城を駆け下りると、六角軍に襲いかかっていった。

城の水が無くなるのをただじっと待っていた六角軍は、「城内では水が少なくなり、難儀していることだろう」とたかをくくっていたが、そこに、柴田軍が突然襲いかかってきたのである。

そのすさまじい勢いに、何ら戦闘の準備ができていなかった六角軍は動揺するばかりで、ろくに応戦もできなかった。六角軍は潰走し、ただ逃げるしかなかった。

柴田軍の大勝利であった。

勝家の必死の一念はすべての兵に伝わり、予想もしない大勝利を招いたのである。

勝家の人生において、これまで楽な戦など、ただの一度もなかった。

すべてが厳しい戦ばかりであった。

ゆえに、大将の勝利への命懸けの一念がすべての勝敗を決めることを勝家は知悉《ちしつ》していた。

だからこそ柴田勝家は名将たりえたのであった。

勝利への執念　河越夜戦

＊大軍に包囲された河越城

天文15年（１５４６）４月、北条綱成らが籠もる武蔵河越城（埼玉県川越市）は関東管領上杉憲政ら８万の大軍に十重《とえ》二十重《はたえ》に包囲されていた。

包囲は半年にわたり、守る３０００の城兵の気力も限界を迎えようとしていた。ここで援軍が来なければ、城は敵の攻撃を受けて壊滅することは目に見えていた。

この間、小田原城の北条氏康は何度も援軍を送ろうとしたが、背後を駿河（静岡県東部）の今川氏に阻まれ、ままならなかった。それでも、氏康は何とか８０００の兵を集めて援軍に向かったが、城の周囲は敵の兵士であふれ、城に近づくことすらできなかった。

敵は10倍の軍勢。普通なら、とても勝ち目はない。

やむなく氏康は敵の本陣に和議の使者を送った。だが、敵は断然有利な態勢にあり、ここで救援に来た北条本軍を叩《たた》けば、北条氏を滅亡させることすらできると、和議など受け入れるはずはなかった。

追い詰められた氏康は同盟者の武田信玄に助けを求めたが、信玄も動こうとはしなかった。

このままなにもしなければ、氏康は天下の笑い者になる。

敵の1割にも満たない兵ではどう攻めても玉砕するだけである。

まさに絶体絶命のピンチ。

＊執念から生まれた知恵

だが、氏康は諦めなかった。そして、最後の賭けに出た。

まず、兵の一部を割いてあえて出撃させ、城に向かわせた。上杉軍は当然のようにそれを追ってきたが、氏康の兵はわざと一目散に逃げ出していった。

この様子に敵は完全に北条軍を侮り、油断し、心までもがすっかり緩んでしまった。

一度緩んだ心はなかなか元には戻らない。

それを見極めた氏康は、ひそかに城内に使者を送り、鎧《よろい》に白い布をつけて目印とし、夜半、城内・城外から敵に打って出る作戦に出たのであった。

北
北

月明かりもまばらな夜半、松明を消した北条軍は城の内外から敵陣に突然襲いかかっていった。

北条軍の突然の来襲に上杉軍は応戦したが、闇の中では敵味方の区別もできず、やみくもに武器を振り回したため、自軍の多くが味方に討たれ、やがてその混乱は総崩れを招いた。

その最中、上杉軍は大将の一人上杉朝定が北条軍に討ち取られ、残る兵も散々の体で逃げていってしまった。北条軍の圧勝であった。

この勢いに周囲の城も北条氏に降参し、北条氏は河越城を確保したのみならず、関東に大きな勢力を築くことができ、北条氏康は名将の名をほしいままにすることになった。

氏康は最悪の状況の中でも最後まで希望を捨てず、絶対に諦めずに勝利への執念を一人燃やし続けた。

その心に勝利への大きな知恵が宿り、大勝利をつかんだのであった。

奇跡の逆転勝利を導いたのは、氏康の絶対に諦めない心、勝利への強い執念であった。

第9章

友情

命を懸けた友情　大谷吉継と石田三成

＊大谷吉継をかばった石田三成

石田《いしだ》三成《みつなり》は、まだ少年の頃、豊臣秀吉にその才を認められ、若くして側近に取り立てられたが、その秀吉に大谷《おおたに》吉継《よしつぐ》を推挙したのも三成であった。

三成と吉継は秀吉のもとで、合戦や検地、さらには都市づくりなど、その天下統一の事業を陰で支える仕事を共に行ってきた無二の親友であった。

二人は秀吉のどんな無理難題にも勇んで挑戦し、実績を挙げて、その信頼を勝ち得、若くして豊臣政権を担う奉行にまでなった。

二人は良き友人であると同時に終生の良きライバルでもあった。

しかし、吉継は、晩年、顔が崩れ、目がほとんど見えなくなるという重い病を患い、いつも頭巾をかぶっていた。

ある日、大坂城内山里丸で茶会が催された。

そこでは茶人今井宗薫《そうくん》がお茶を点《た》てたが、それが吉継に回ってきたとき、吉継の膿汁《うみじる》が一滴茶碗に滴り落ちてしまった。

それを見ていた列席の前田利家をはじめ大名たちは戸惑い、その茶碗の中身を飲むふりをして次々と回してしまったのであった。

だが、三成に順番が回ってきたとき、三成は何事もなかったようにその茶碗の中身を一気に飲み干してしまった。

吉継はこのときの三成の友情を終生忘れることはなかった。

＊関ヶ原での友情

三成が関ヶ原合戦で家康に挑むことを最初に打ち明けたのも吉継であった。

吉継は「時期尚早である」と三成に諫言したが、三成の決意は頑として変わることはなかった。吉継は、いったんは説得を諦め、三成の城を出たが、しばらくすると引っ返してきた。

「お主がそう決めた以上、友として見捨てるわけにはいかぬ。お主が死ぬときはわしも一緒だ」と共に立ち上がることを約束したのであった。

三成は涙した。

関ヶ原の合戦で敵味方を通じて一番奮戦したのは、この大谷吉継と石田三成の軍であった。

目の見えない吉継は家臣に輿《こし》をかつがせ、その上に乗って見事な指揮を執った。三成はその吉継の雄姿にどれほど勇気づけられたかしれない。

関ヶ原の合戦は実質、石田三成の西軍がその2倍の敵を相手にした合戦であったが、この二人の奮戦で最後まで崩れることはなかった。

ただ、土壇場で最後まで態度を明らかにしなかった秀吉の甥《おい》、小早川秀秋1万5000の兵が家康方についたため、西軍は敗れ去った。

それでも、大谷吉継、石田三成は共に最後の最後まで互いを信じて戦い抜き、やがて戦場の露と消えていった。

関ヶ原合戦の真実

コラム column

関ヶ原合戦といえば、一般的に、戦巧者の家康が戦に未熟な石田三成を関ヶ原におびき出して、殲滅《せんめつ》させた合戦といわれている。

だが、実際に関ヶ原の古戦場跡を訪れてみると、そうではないことがよく分かる。

詳細は拙著『敗者から見た関ヶ原合戦』（洋泉社新書y）を参照していただきたいが、結論からいえば、関ヶ原におびき出されたのは家康の方であり、石田三成方西軍は、そこで家康方東軍を迎え撃つ作戦であったということである。

現在も、関ヶ原には西軍によって構築された陣地の跡や東軍を塞ぐために築かれた防御跡がよく残されている。

ここから判断できることは、西軍は事前に関ヶ原で東軍を迎え撃つための綿密な計画を立てており、そのための周到な準備をしていたということである。

たとえば、西軍は関ヶ原の南の松尾山に司令塔となる城を築き、そこから、1キロほど北にある石田三成の陣、笹尾山に向けて、土塁などの防衛線を構築していた可能性が高い。松尾山と笹尾山の間には中山道と北国街道が通っており、西軍はそこで東軍を塞ぎ、殲滅する計画であったようである。

これが計画通り進んでいたとしたら、東軍は西軍の防衛線を突破できずに、戦いの勝敗は大きく違ったものになっていたことだろう。

だが、西軍にとって、この計画に致命的なミスが生じた。

それは、本来、毛利軍を入れるために構築した松尾山の城に予期しない小早川軍が入ってしまったことである。小早川軍は松尾山のもつ戦略的な意味をよく理解しており、合戦の前日、城を守っていた留守部隊を蹴散らして強引に城に入ってしまったのであった。

西軍の計画は大きな修正を迫られることになった。

小早川を味方にしなければ勝ち目はなくなってしまったのである。

東軍も同じであった。

小早川がそのまま西軍の一角を占めて戦うことになれば、東軍に勝ち目はない。松尾山の城というのは、それほど重要な場所であった。

西軍の構築した防衛線がいかに優れていたかは、小早川が動くまで、東軍はそれをまったく突破できず、最後まで苦戦を強いられていたことから推察できる。

先に述べたように、小早川は最後には東軍方につき、そこから、西軍の防衛線は一気に崩れ、敗北してしまうことになった。

まさに、関ヶ原合戦は家康にとって薄氷の上を歩くような、紙一重の勝利であったのである。

黒田官兵衛と竹中半兵衛

＊二人の知恵者

秀吉のもとには、竹中半兵衛《たけなかはんべえ》、黒田官兵衛という二人の知恵者がいた。

竹中半兵衛はもともと美濃（岐阜県）斎藤氏に仕えていたが、斎藤氏が信長に滅ぼされると、信長の配下となり、その後、秀吉の中国計略に従って、黒田官兵衛とともに活躍した。

一方の黒田官兵衛は、もともと播磨《はりま》（兵庫県）御着《ごちゃく》城主小寺氏に仕えていたが、信長の播磨平定に際して、主君小寺氏を信長につかせることに尽力し、それが縁で秀吉からその能力を認められ、やがて秀吉の家臣となった人物である。

現代でいえば、黒田官兵衛は秀吉にヘッドハンティングされたようなものであろう。

官兵衛はこれまで、播磨の一地方領主のもとで家老をつとめるだけの人物であったが、秀吉に仕えることになって大きな仕事を任せられるようになった。

秀吉が、いかに、この黒田官兵衛の能力を高く評価していたかは、秀吉が書状の中で官兵衛を「弟秀長同然に思う」と述べていることからも分かる。

竹中半兵衛はかつて斎藤氏に仕えていたころ、自らが不当に扱われたことに抗議して、斎藤氏の居城稲葉山城（後の岐阜城）をわずかな人数で乗っ取ったことがあった。

当時、稲葉山城は難攻不落といわれ、信長も攻めあぐんだほどの城であった。

それを、半兵衛は謀略を駆使して、手兵ほどの人数であっという間に押さえてしまったのである。

この評判はたちまち敵である信長のところまで聞こえてきた。

このことを聞いた信長は半兵衛に家臣になるよう説得したが、半兵衛はそれを断り、その後も斎藤氏に仕えた。

半兵衛にとってみれば、稲葉山城を乗っ取ったのは抗議のためであって、主君に反旗を翻したわけではないというわけである。

さて、この竹中半兵衛、知恵者ではあったが、普段は婦人のように穏やかで、戦に臨むときも、迫力などはなく、もの静かであったという。

ただ、兵士からの信頼は抜群で、半兵衛が戦に立ち向かったと聞くと、皆は戦う前から「すでに勝った！」と勇んだという。

現代でも、このような人物が一人いれば、どんなに心強いことだろう。

この竹中半兵衛、秀吉の中国計略作戦においては上月《こうづき》城合戦で活躍したが、この合戦では黒田官兵衛も活躍し、信長から感状をもらっている。

このように、二人は秀吉のもとで、中国方面の計略を担当した。そこでは、互いに意見を交わし、議論したり、秀吉を囲んで作戦を論じ合ったりと友情を深め合ったことであろう。

なにより、日々、戦の前線に出ていた二人である。明日の命の保証などはない。

その中で二人はお互いを認め合い、あるいは良きライバルとして友情を育んでいったことは想像に難くない。

＊命懸けの弁明

秀吉の中国計略に大きな壁が立ちふさがった。

これまで一貫して織田信長に味方して、中国計略に協力してきた播磨三木（兵庫県三木市）城主別所長治、そして同じく摂津有岡（兵庫県伊丹市）城主荒木村重《あらきむらしげ》が反旗を翻したからである。

特に荒木村重は信長の信頼が厚かっただけに、その与えるショックは大きかった。

この緊急事態に、黒田官兵衛が荒木村重のもとに説得に赴くことになり、官兵衛は有岡城に入ったが、そこで捕らえられ牢に幽閉されてしまった。

官兵衛からはなんの連絡もなく、いっこうに帰ってこない。

これにいらだった信長は、官兵衛が村重に味方したのではないかという疑念をもちはじめた。

それまでは官兵衛のことを信頼し、太刀や感状を与えていた信長であったが、このときばかりは、村重に裏切られたショックと怒りでなにも見えなくなっていたのであろう。

やがて、信長は、いくら待っても帰ってこない官兵衛にしびれをきらし、官兵衛も謀反に加担したものと判断し、秀吉に、人質に取っていた官兵衛の嫡子松寿丸《しょうじゅまる》を殺すよう命令したのであった。

この時、信長に「黒田官兵衛はこれまでいくつもの忠義の働きをして参りました。そんな官兵衛が敵に回るはずはありません」と真正面から言い切ったのが竹中半兵衛であった。半兵衛は、信長から殺される覚悟で、友のために弁明したのであった。

さらに、半兵衛は「黒田家が敵になれば、中国計略は支障を来《きた》します。ここは冷静な御判断に立ち、官兵衛を信じて、松寿丸を殺すだけことは撤回していただきたいと存じます」

と訴えた。

しかし、半兵衛の命懸けの弁明も功を奏さず、信長は自らの言葉を翻すことはなかった。

ここに、黒田家の大切な嫡子松寿丸は殺される運命になった。

＊最後まで友を信じた半兵衛

秀吉も、官兵衛を信じたかったが、なにより、信長の命令である、それに逆らうことは許されなかった。

それでも半兵衛は諦めなかった。

半兵衛は、松寿丸を殺したことにして、自らの居城美濃（岐阜県）菩提山城に連れて行き、そこにかくまったのであった。

これも危険な行為であった。もし、これが発覚すれば、半兵衛は切腹、竹中家も無事では済まなかったであろう。

半兵衛は最後の最後まで、友を信じ、命を懸けてその嫡子をかくまったのであった。

それから約1年後、荒木村重の有岡城は織田軍に攻められ、城は落ちた。

すると、そこからは、1年間の幽閉生活で、やせ衰え、足がすっかり不自由になっていた黒田官兵衛が発見された。

官兵衛は幽閉されても、村重方につくことはなく、信長に忠節を尽くしていたのであった。

これを知った信長と秀吉はうろたえた。

なにせ、官兵衛の嫡子を殺してしまったと思いこんでいたからであった。

二人は官兵衛に返す言葉などなかったことだろう。

しかし、半兵衛の機転で松寿丸が無事であったことを知ってほっと胸をなでおろした。

またしても、半兵衛の深い知恵に救われたのであった。

このとき、竹中半兵衛はすでにこの世にいなかった。

半兵衛は有岡城が落ちる4カ月前、秀吉の三木城を囲む陣中で病をこじらせ亡くなっていたのであった。

半兵衛はまさに死ぬまで、官兵衛に友情を貫いた。

それを知った官兵衛は、友の誠に涙したに違いない。

千姫の真心

*千姫の結婚

千姫が豊臣秀吉の嫡子秀頼のもとに嫁いだのはわずか7歳の時であった。

千姫の父は徳川家康の嫡男秀忠、母は秀頼の母淀殿の妹お江《ごう》、秀頼と千姫はいとこ同士であった。

7歳で親元を離れ、しかも実家の江戸から遠く離れた大坂の地に一人嫁ぐ千姫、どんなに心細かったかしれない。

それでも、千姫はそんな寂しさをおくびに出すことなく、嫁ぐ日の朝、母と祖父家康に毅然と別れのあいさつをしたという。そのけなげな姿に家康も母お江も涙したに違いない。

家康がわずか7歳の孫を豊臣家に嫁がせたのは、秀吉の遺言でもあったが、家康も、一日でも早く徳川家と豊臣家の融和をはかりたいとの思いがあったことは確かであろう。

徳川と豊臣が一つになれば、戦のない平和な世の中が築ける。それは誰もが願うことでもあった。

家康は関ヶ原合戦の勝利で豊臣家に代わって覇権を確立すると、徳川将軍家を中心とする江戸幕府として日本の舵《かじ》取りをするつもりであった。そして、豊臣家には姻戚としてそれに協力する形を望んでいた。

それが今度の秀頼と千姫の婚姻であり、いわば、千姫は徳川・豊臣両家をつなぐ平和の使者でもあった。

豊臣家は徳川家の下につくことを頑《かたく》なに拒み、心を開こうとはしなかった。

幼い千姫にとって、それは悲しい出来事であったが、夫秀頼も義母淀殿も千姫にやさしくしてくれることが唯一の心の支えであった。

＊悲運の少女との出会い

両家はついに決定的な対立を迎えた。

慶長19年（1614）、20年（1615）と二度にわたり大坂城は徳川軍の攻撃を受け、夫秀頼、義母淀殿は自刃してしまった。

その中でも義母の淀殿は最後まで千姫を案じ、大坂城から無事に脱出できるようはからった。

祖父家康・父秀忠は千姫の嫁ぎ先である大坂城を焼き、夫と義母を殺してしまった。

それは、千姫の人生のなにもかもすべてを奪ったに等しかった。

千姫は、助かっても、ただ悲しみとショックで呆然《ぼうぜん》とするしかなかった。

千姫18歳の時であった。

千姫はその時、7歳の少女と出会った。

それは秀頼と側室との間に生まれた姫で、生まれるとすぐに里子に出されていたが、落城の直前大坂城に連れてこられ、父秀頼と対面を果たしたばかりであった。

城は落ち、父秀頼も死に、少女は侍女に手を引かれ、逃げ回っていたところを、徳川軍の手で捜し出され捕らえられていたのであった。

この幼い姫も今や父と祖母を失い、あげくはいつ殺されるかも分からない運命であった。

千姫はその幼い姫を抱きしめずにはいられなかった。

「この千があなたの母となって、あなたを守ります」

千姫はその子を養女とすることを決め、家康に許しを請うた。

だが、家康はその子を千姫の手元で育てることは許さず、尼寺に入れて尼僧にすることを条件にそれを認めた。

幼い姫は女性として人並みの恋愛も結婚も許されない尼僧として生きることを生涯運命づけられたのであった。

＊花の心

千姫はその後、再婚して二人の子をもうけた。

そこでも、嫡男と夫を続けて亡くし、再び大きな悲しみに襲われた。千姫はやがて、仏門に入り、天樹院となった。千姫は自らの宿命を見つめ、それに対峙する道を選んだのであった。

千姫は自分がどんなに苦難にあっても、尼寺に入れた姫のことを忘れることはなかった。姫も自分と同じく宿命と懸命に戦っていたのであった。

幼かった姫は千姫に見守られながらやがて成長し、「天秀尼《てんしゅうに》」という高僧となった。そして、自らの生涯すべてを虐《しいた》げられた女性を守ることに捧げ、それを寺法として後世に残していった。

天秀尼も、自らの宿命に立ち向かい、それを大きく使命に変えていったのであった。

そんな養女天秀尼のいる東慶寺（鎌倉市）から千姫に二輪の美しい花が贈られてきた。千姫は東慶寺から贈られた2種の咲き誇った花の中に、言葉にはならないほどのいとおしさを感じた。まして、天秀尼自ら摘んでくれたとしたらなおさらであった。

「姫は息災でけなげに修行に励んでいる。東慶寺の庭で懸命に咲いたこの花はそんな姫の心そのものであろう。私もこの花のように懸命に生きねば」

その花は天樹院の心をどれほど励ましたかしれない。

「人は苦しみがないから、悩みがないから笑顔になれるのではない。それに負けない心、打ち勝つ心を持っているからこそ、美しい笑顔を見せることができるのだ。花も同じだ。花も幾重もの風や雨を突き抜けてきたからこそ、こんなに美しい花を咲かせることができるのだ」

「花はそれ自体も美しい。でも、その花の中に美しいものを見いだすその人こそ本当に美しき心の人なのではなかろうか」

千姫はこうして二輪の花の中に、天秀尼の美しくも強き心を見た思いがした。それは愛する我が子の成長を何より喜ぶ母親の心でもあった。

天秀尼は今、懸命に自らの宿命と戦っていた。

それは、千姫も同じであった。

二人が共に花の中に見た美しさ、それはそんな両者が共鳴し合う心の響きであったのかもしれない。

だが、将来を期待されていた天秀尼は、わずか37歳でその生涯を閉じてしまった。

千姫はその死を誰よりも悲しみ悼んだ……。

天秀尼が亡くなって12年たった明暦3年（1657）、江戸は大火に遭い、千姫の住む御殿も全焼して、千姫も避難することになった。

その中にあっても、千姫は東慶寺に使いをやり天秀尼の十三回忌法要をしっかりと執り行うよう依頼した。

千姫は自らがどうなろうとも天秀尼のことを片時も忘れることなく、ずっと思い続けていたのであった。

第10章

忍耐「今に見ろ！」の心

信玄の初陣

＊父に疎まれた信玄

天文5年（1536）、甲斐（山梨県）の猛将として名をはせていた武田信虎《たけだのぶとら》（信玄の父）は信州佐久の海ノ口城（長野県南佐久郡）を8000の兵で攻めていた。

ところが、城の守りは堅く、1カ月以上の包囲にもビクともしなかった。

これ以上攻撃に手間取ると、雪の季節がやってくる。

そうなれば、城攻めはますます困難になる。そう判断した信虎は撤退を決め、それを全軍に伝えた。

そんな中、嫡子晴信《はるのぶ》（信玄）は信虎に「撤退の際は殿《しんがり》を務めますので私に300の精鋭の兵を預けてください」と頼んだ。

殿は軍の最後で、追撃してくる敵の攻撃をかわして全軍を無事に撤退させる重要かつ最も危険な部署であった。

晴信はこの戦が初陣。

晴信の勇気はさることながら、これまでなんら実戦の経験もない大事な後継者である晴信をそんな危険な部署につかせるなど常識では考えられない。

だが、信虎はそれを許した。

信虎が晴信の勇気をめでたからではない。

信虎は普段から晴信を忌《い》み嫌い、家督は晴信の弟の信繁《のぶしげ》に譲ることを広言していた。それがゆえの処置でもあった。

「晴信に殿など務まるわけがない。そのうち、負けて、さんざんな目に遭って逃げ帰ってくることだろう。そうなれば、晴信は家中で信頼を失い、弟の信繁に家督を継がすよい機会になる」

信虎はそう思っていたことだろう。

読書好きで、内省的な性格であったとされる晴信は、父に対して普段から自分の考えを正面から述べるなど、信虎から見ると生意気な子として映っていた。

半面、弟の信繁は素直な子供らしい子であったようである。

それゆえ、信虎は晴信よりも弟の信繁をかわいがり、何かにつけて晴信につらくあたっていた。

大勢の家臣たちは信虎にならって信繁を支持していたが、中には晴信の中に大将にふさわしい聡明さを見いだし、期待する者もいた。

晴信はそんな彼らの期待に応えるためにも、また、武田家の後継者としての実力を見せつけるためにも、初陣にもかかわらず、あえて厳しい道を選んだのであった。

*名将信玄の誕生

晴信の真の目的は殿ではなく、精兵をもらい、再び海ノ口城を攻めることにあった。

晴信は海ノ口城の兵が武田軍の撤退に気が緩るみ、防御が薄くなっていると確信していたのである。

人間というのは一度気が緩むと再びの緊張感を取り戻すのに時間がかかる。その心の隙につけこんで攻めれば必ず勝利できる。若き晴信はそう思った。

それゆえ、今から引き返して奇襲をかければ、必ず城を落とすことができると踏んだのであった。

そのころ、海ノ口城では武田軍の大軍を追い払ったことに安堵し、戦勝の宴が行われ、防備は手薄になっていた。

そこに晴信率いる300の精鋭が一団となって攻撃をかけてきた。

城内はたちどころに混乱に陥り、満足な防戦もできずに城はあっけなく落ちてしまった。

信虎が8000の兵で1カ月の包囲をもってしても落とせなかった城を晴信はたった300の兵であっという間に落城させたのであった。

信虎はこの知らせを聞いても「城の防備が手薄になっていたのだから、落ちて当たり前だ」と晴信の知略を決して認めようとはしなかった。

家臣たちは晴信の中に大将としての大きな資質を見る思いであった。

そのころ、武田家の根拠地甲斐の国（山梨県）は信虎によって引き起こされた数々の合戦で疲弊し、民の怨嗟《えんさ》の声は留まるところを知らなかった。

家臣たちは、もう、信虎では国を治めることはできないと判断し、晴信を次の新たな指導者にすることを望んだ。

これが後の晴信の家督交代劇につながり、名将武田信玄の誕生となるのであった。

家臣たちの涙

＊人質にされた家康

江戸300年の基礎を築いた徳川家康《とくがわいえやす》は若き頃、つらい人質生活を送った。

家康の実家、松平家は家康の祖父清康のときに、三河（愛知県西部）をほぼ統一したが、まさにこれからというときに不慮の事故で亡くなってしまった。

家康の父広忠は幼かったため、三河はやがて駿河（静岡県東部）の大名今川義元《いまがわよしもと》の勢力圏、今の言葉で言うと植民地となってしまった。

さらに広忠がこれまた若くして亡くなると、義元は今度はそれを自分の領地にしようと企てた。

そのため、義元は松平家の嫡男であった竹千代（家康）を人質に取り、「竹千代が成人するまで、三河は今川家で預かる」として、松平家の領地に代官を派遣し、事実上の領地にしてしまった。

そこでは、松平家の領地から上がる年貢米は、当然のように今川家の倉に入れられてしまうことになった。

やがて、家康は成人し、松平元信と名乗ったが、義元は領地を返すどころか、元信（家康）にわずかばかりの米を支給するだけで、相変わらず、年貢を自分のものとした。

このため、家康は松平家の家臣たちに知行を与えることができず、彼らは窮乏生活を強いられていった。

彼らは、鍬を取り、田畑を耕して、自給自足の生活をし、窮乏をしのぐしかなかった。しかも、主君の家康が人質に取られている以上、どんな理不尽でも、今川家の命に従うしかなかった。

＊今川家の盾となった家臣たち

やがて、家康は初陣を飾ることになった。彼らはこの時、家康のもとで戦うことを許され、勇んで合戦に出かけて行った。

彼らはそこで甲冑に身を包んだ家康の雄姿を見た。

「なんとご立派におなりになったことか」

彼らはこれまでの苦労を忘れて、皆、泣いた。

「いつかきっと、若君に三河にお帰りいただいて、そのもとで思う存分戦うのだ！」

彼らは、泣きながら、皆、そう誓った。

現実は、松平家の家臣たちは戦では常に先鋒《せんぽう》を務めさせられ、今川軍の盾となって戦わされた。

ただ、犠牲者ばかりが増えていく一方で、「このままでは松平家の家臣は義元に全滅させられ、家康は一生三河に帰れなくなるのではないか」――彼らは本気でそう疑い絶望に駆られる日々を送った。

義元は、家康を今川の一武将として扱ったが、松平の家臣たちは決してその下につかせず、相変わらず先鋒ばかりを務めさせた。

それでも、彼らは家康のためと、決して手を抜くことはしなかった。

家康の家臣の鳥居忠吉は80歳の老人であったが、家康が墓参のために三河岡崎（愛知県岡崎市）に帰った時、ひそかに、今川の目を盗んで、岡崎城の蔵に蓄えておいたたくさんの武具、兵器や金銭、食糧などを家康に見せ、「これを、松平家再興のためにお使いください。我らはただそれだけが望みで生きてまいりました」と泣いた。

家臣たちは、いつか来る日のために、貧しい中にあっても、日々、蓄えを欠かさなかったのであった。

鳥居忠吉は、あとどのくらい生きられるか分からない自らの寿命を考えた時、それだけは家康にどうしても伝えたかったのであった。

家臣たちの心を知った家康も泣いた。

そして、家臣たちのために、必ず、松平の家を再興することを心に固く誓ったのである。

家康はその後、名を元信から元康と改めた。「元」は「義元」の一字であったが、「康」は祖父清康の1字を取った。それは、すなわち、家康が今川からの自立を決意したことを意味していた。

＊徳川家康の誕生

その日がついにやってきた。

永禄3年（1560）、今川義元は桶狭間《おけはざま》の合戦で織田信長に討たれ死んでしまったのである。

家康はこの合戦でも今川方として奮戦し、前線の大高城に織田の兵を退けて兵糧を無事に入れるなどの働きをした。

大将義元の死で、今川軍は総崩れになり、駿河に逃げ帰るのが精いっぱいであった。合戦の後、すぐに、敵であった織田信長から、家康に和議の申し出があった。

だが、義元の死のショックからか、義元の嫡子氏真《うじざね》はいっこうにあだ討ちの合戦をする気配はなかった。

「今川家もこれまで」

それを見極めた家康は、「我が成人ののち、義元殿は私を大事な戦にたびたび差し向けられたが、それは武士の面目であり、少しもうらむ気持ちはない。ただし、我が家臣たちをもって敵の餌食《えじき》とし、さらには、我が将士たちにもはかばかしい知行を与えず、困窮に陥らせたことは許すことはできぬ」と家臣たちに言い、信長の申し出を承認することを宣言した。

ここに、信長の死まで続くことになる織田・徳川同盟が成立し、三河を今川の手から取り戻し自立した家康は、やがて、天下人への道を突き進むことになる。

辛酸をなめた人質時代を支えたのは、家臣たちのいじらしいほどの主君を思う心であった。

負けそうになる家康を支えたのも、家臣たちの涙であった。徳川家家臣団のどこにも負けない鉄鎖の絆は、まさに、この時につくられたのである。

若き謙信の勇気

＊少年の夢

上杉謙信《うえすぎけんしん》（当時の名は長尾景虎《かげとら》）は7歳の時、越後（新潟県）春日山城下の林泉寺に入れられた。

謙信は、利《き》かん気が強く腕白で、周囲ももて余すほどの少年であったという。

そのことから、父母は、謙信に学問を身につけさせるために寺に入れたのであろう。

当時、謙信の上にはすでに2人の兄がいたことから、父母は謙信をそのまま僧にするつもりもあったのかもしれない。

やがて、謙信より18歳年長の兄晴景《はるかげ》が家督を継ぐが、越後の領主たちは晴景に従わず、国内は内乱の様相を呈してきた。

そこで、晴景は彼らを牽制《けんせい》するため、弟の謙信を寺から呼び戻して越後中部の栃尾城に入れた。

この時、謙信はわずか14歳の少年であったが、すでにその役目が務まるほど成長していた。

「越後の国はいつか必ず自分を必要とする時が来る」

謙信は寺で学問を学ぶかたわら、将来のために、武将として自らを磨いていたのであった。

しかし、越後の領主たちは謙信を侮った。

なにせ、わずか14歳の少年である。

「そんな子供になにもできるものか」、皆がそう思うのは当然であった。

その中には、長尾家に露骨に反抗し、二度も反旗を翻した黒田秀忠という武将もいた。

このままでは、国は乱れるばかりである。

＊恐怖心を破るのは勇気

少年謙信はその黒田氏の城を攻めるため、自ら先頭に立って出陣した。

先年、父が亡くなったときも、謙信は少年ながら甲冑を着けて葬儀を執り行った。周囲は敵ばかり、彼らは何かあれば謙信の実家守護代長尾家に取って代わろうと虎視眈々《こしたんたん》と狙っていた。

しかも、黒田氏は越後の力ある古い領主であり、兄の晴景もてこずらせたほどの武将であった。

謙信とて、親子以上に年の違う老獪《ろうかい》な武将を相手に戦うことに心は大きく揺れたことであろう。そこでは、歴戦の武将を相手に戦うことへの恐怖心、逃げ出したくなる心、なにより若いゆえの経験のなさが何度もすべての自信を失わせそうになったに違いない。

だからといって、謙信は絶対に後に退くことなどできなかった。

「もし、この戦いに敗れたら、国は乱れ、土地は荒廃し、やがては越後は近隣諸国の餌食になるに違いない。それだけは絶対にさせてはならない。今、それは、自分の肩にかかっている」

謙信は自分の心と必死に戦いながら、それでも、果敢に黒田の城を攻めた。若い大将である自分が弱気を見せたら、味方の士気は落ち、何より敵に付け入る隙を与えてしまう。

謙信は、攻めて、攻めて、攻め抜いて、やがて、黒田氏を完膚なきまでに打ち破ることに成功した。

「14歳の少年武将が強大な敵を破った！」

国内でその声望は一気に高まり、越後の武将たちは、謙信に大きな期待を寄せ始めた。

そして、この国内での声に後押しされ、謙信は、やがてわずか18歳という若さで長尾家の家督を継ぐことになった。

だが、若い謙信に今度は義兄で越後最大の実力者の1人である長尾《ながお》政景《まさかげ》が反旗を翻した。

政景は、資金力、武力どれ一つとっても守護代長尾家にひけをとらない強大な武将であった。

政景は力ある自分を差し置いて、若い謙信が長尾家の家督を継ぐことに我慢がならなかったのである。

一方、政景は自分を謙信が力で攻めることなどあり得ないとたかをくくっていた。

謙信は電光石火で兵を集め、政景を攻めることを内外に宣言した。

「相手がどんなに強大であっても、我が敵となった以上、戦うのみである!」

謙信はここでも一歩も退くことはなかった。

その時、政景は18歳の若武者である謙信の中に将来の大器を見る思いがした。

「若くとも、謙信こそ、まことの武将。私がお仕えすべき方である!」

政景は謙信に屈服し、心から臣下の礼を取った。

それ以降、政景は謙信の忠実な重臣となって謙信を生涯守り続けた。

若き青年武将謙信の勇気は強大な敵さえも強い味方に変え、それによって、越後の完全統一を成し遂げた。

謙信にとって、本当の戦いは、自らの揺れ動く心、恐怖心との戦いであり、それを制することにあった。

謙信は強敵と戦うことの中で、それを克服する術《すべ》を学んでいったのであった。

終章

誇り

直江兼続の正義

＊正義の書状

上杉家の宰相直《なお》江《え》兼《かね》続《つぐ》といえば、二〇〇九年のＮＨＫ大河ドラマ『天地人』の主人公としてよく知られるようになったが、この直江が天下に名をはせたのは実は1通の書状であった。

それは、「直江状」と呼ばれる徳川家康の謀略に対する弾劾状である。

慶長3年（1598）、天下人豊臣秀吉が亡くなると、家康は前田家、細川家など豊臣方の有力大名に謀反の疑いをかけ、彼らを次々と屈服させていった。

それは謙信亡き後の上杉家にまで及んできた。

家康は上杉家にも「謀反の疑いあり」とし、弁明のために上洛するよう迫ったのであった。

「秀吉亡き後の最大の実力者である家康に逆らったら、自家の存続すら危うくなる」

そう考えた前田家、細川家らはそれがどんなに理不尽なものでも耐えて忍んでいくしかなかった。

上杉家はただ一人それに断固として抵抗した。

「なぜ、やってもいない謀反を認めなければならないのか。その証拠を示しなさい。謀反を言いふらした者と対決させれば真実が分かるではないか。それが侍の筋目というものである」。直江兼続は家康に書状を書き、こう訴えた。

やってもいない謀反を認めたならば、それは家康の陰謀に加担したのと同じである。上杉家はそんな筋の通らないことなど断じてできない。

＊上杉家の誇り

上杉家には大きな誇りがあった。

先代の謙信が義と武を重んじ、常に武士の筋目を通してきたということである。

謙信の跡を継いだ上杉景勝《うえすぎかげかつ》、直江兼続はその初代の心を何よりも尊び、初代の精神を末代にまで継承しようと心を砕いてきたのであった。

家康から謀反の疑いをかけられた時、真っ先に浮かんだのは、謙信ならこの事態をどう考えたかということである。

上杉家の原点は常にここにあった。

それゆえ、直江兼続は謙信の精神を体して家康に書状を書いたのであった。

直江兼続の書状はどれも筋が通っていた。

これを認めれば、家康の面目はつぶれるばかりか、天下取りも遠のいてしまう。

そこで家康は上杉攻めを決め、力で屈服させようとした。

「理不尽な要求には屈するわけにはいかない！　上杉家はただ正義を貫くのみである！」

上杉家は誇りを守るために、家臣全員が一致団結して立ち上がったのであった。

上杉軍団は行くところ常に敵を震え上がらせ、伊達政宗、最上義光などの武将も苦戦を強いられた。

この事態に、家康もしばらく江戸にくぎ付けになって、主戦場に赴くことが大幅に遅れてしまうことになった。

関ヶ原合戦は予想に反して、たった一日で決着がつき、反家康勢力（西軍）が敗退したため、上杉家もそれに連動する形で家康に屈服せざるを得なくなった。

家康は利害に屈することなく、正義という筋目を最後まで通した上杉家の中に本物の武士の魂を見た。

そのため、家康、そして家康の跡を継いだ2代秀忠は上杉家を存続させ、譜代並みに大事にしたのであった。

それは上杉家の精神こそが武士の鑑《かがみ》であり、真の忠義であることを全国の諸大名に示すためでもあった。

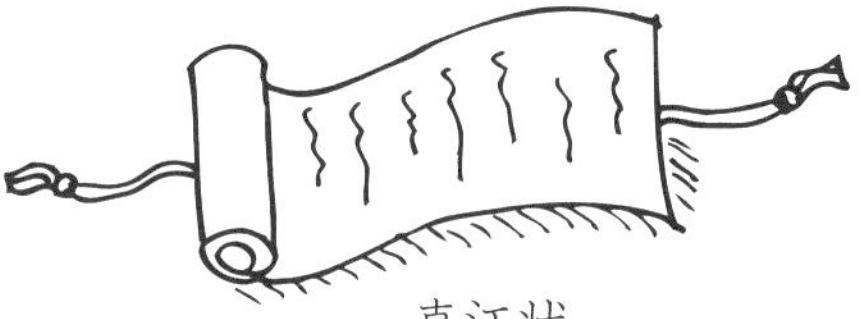

直江状

戦人 上杉景勝の意地

＊苦戦を強いられた上杉軍

慶長19年（1614）11月、上杉景勝率いる上杉軍5000の兵は大坂城の東北、大和川南岸の鴫野《しぎの》で大坂方1万2000の兵を相手に戦った。

大坂冬の陣最大の合戦といわれる鴫野・今福の戦いである。

そこには豊臣方が三重の砦を築いていたが、上杉軍はここに大坂城に向けての足場となる砦を築くために攻撃をかけたのであった。

鴫野は湿地帯ばかりで足場は悪く、しかも、豊臣方は上杉軍の倍以上の軍勢を差し向けてきたため、上杉軍は苦戦を強いられることになった。

上杉軍の一番手は崩れかかり、二番手も敵の勢いに後退するばかりであった。この情勢を見た徳川家康は上杉軍の大将上杉景勝に「後に続く堀尾忠晴と交代し、兵を休ませよ」と命じた。

景勝は頑としてその命に応じようとはしなかった。

「武門の家に生まれ、先陣を争い、今朝より身を粉にして奪いとった持ち場を、上意とはいえ他人に任せることなど断じてできましょうか」

景勝は家康からの使者にそう言うと、再び戦場に飛び込んでいった。

「戦人《いくさびと》として、一度戦いを起こした以上、絶対に後になど退けるか。命ある限り勝利を目指して戦うのみである」。景勝は家康にそう言い切ったのである。

この大将景勝の一念は前線の兵士にも伝わっていった。

上杉軍は二番手の水原隊が豊臣方の猛攻をかわし、そこに鉄砲隊が一斉射撃を加え、敵がひるむ瞬間を見て安田隊がすばやく槍を入れ、とうとう倍にも勝る敵を撃退してしまった。

一瞬で流れが変わってしまったのであった。

この報告を聞いた家康は上杉景勝を激賞した。

今度の大坂の陣は全国すべての大名が徳川方として参戦し、総勢20万ともいわれる大軍で、誰が見ても、圧倒的に徳川有利の戦いに思えた。

それゆえ、勝利は時間の問題であり、奮戦しても領地が増える可能性もなかった。

そのため、中には自軍の損害を少なくするために要領よく立ち回り、積極的に戦わない武将もいたことだろう。

家康はそんな彼らの中に戦人《いくさびと》としての戦う心が失われることをなにより憂いた。

どんな世になっても、戦う心、攻める心を失ってしまえばそこから惰性が始まる。

武士の武士たるゆえんは、どこまでも戦う心を有した戦人であらねばならないことである。

家康は、上杉景勝の中にどんな状況にあっても戦う心を失わない本物の武士、戦人の姿を見た思いがした。

芳春院まつの決意

＊人質となったまつ

慶長4年（1599）9月、加賀前田家は存亡の危機に立たされようとしていた。徳川家康は、前田家が家康の暗殺を企てたとして、征伐に向かうことを公言したのである。

当時、家康は豊臣家筆頭の大老であり、「家康への謀反は豊臣家への謀反である」というのが家康の言い分であった。

まつの夫、前田利家は半年前に亡くなっていたが、家康と同じ大老として、秀吉の遺言でその遺児秀頼の守役を仰せつかっていた。

利家は、息を引き取る寸前まで秀頼の身を案じ、秀頼を守るよう遺言を託していた。そんな前田家が豊臣家に謀反など絶対に起こすはずはなかった。

これは誰がどう見ても、家康の言いがかりでしかなかった。

家康は秀吉亡き後、前田家が最大のライバルになることを恐れ、先制攻撃に出たのであった。

家康は前田家の当主利長に対し、「謀反の意思がないなら、その証しとして母の芳春院を差し出せ」と無理難題を突きつけてきた。

利長は「大事な母を家康に渡してたまるものか。今さら、家康の陰謀になど屈服するわけにはいかぬ」と徹底抗戦を主張した。

芳春院は「意地など捨てなさい！　私は年をとり、覚悟もできています。この母を思う余り、家をつぶしてはなりません！　この母を捨てなさい！」と利長を諭《さと》し、自ら進んで家康のもとに行った。

家康は無理難題を突きつければ、前田家は必ず反撃する、そのときは叩きつぶしてくれようと待ち構えていたが、芳春院があっさりと人質を承諾したことで前田家に手出しができなくなった。

＊芳春院の本心

芳春院の夫、利家は生前から家康を警戒し、何かあれば、家康を相手に戦うよう言い残していた。

芳春院は、その最愛の夫の言葉を無にしてまでも、家康の人質となる道を選んだのであった。

「前田家を守るのが、後に残された我らのつとめと存じます。今は、ただ耐え忍ぶしかありません。どうか私たちを守ってください！」

芳春院は、そう心の中で夫利家に祈った。

芳春院は、かつて戦に出る利家を前に「あなたは普段から、蓄財をし、お金に頼っている。そんなにお金が大事なら、戦場に家来ではなく金を連れて行きなさい！」と強く言ったことがあった。

利家はその言葉にいったんは腹を立てたが、「戦場では誰かに頼る心があれば、油断が生じ、やがては命を落とすことになる。まつはそれを教えてくれていたのだ」と悟った。

芳春院は、そうして常に夫を支え続けてきた。

本当は、芳春院も悔しかった。

できることなら、夫の遺志を継いで家康と戦いたかった。

「だが、今、家康と戦えば、再び日本に大きな戦乱が起きる。前田家も無事では済まないことだろう。それは夫の本心ではなかったはずだ。しかし、人質になったからといって家康に屈服したわけではない。たとえ、捕らわれの身となっても心だけは絶対に家康に屈しない」

芳春院は前田利家の妻として、その誇りだけは絶対に失いたくはなかった。

その後、関ヶ原合戦が起こり、母を人質に取られた利長は家康方についたが、次男利政は、意地を貫いて西軍についた。

戦後、家康は前田家の3代藩主となる利常に自らの養女を娶《めと》らせることで、前田家の存続を認めた。

それでも、家康は芳春院の人質は解かず、金沢に帰すことはなかった。

家康はいまだ前田家を警戒していたのである。

芳春院は、江戸で人質生活を送りながらも、次男利政の赦免を幕府に直訴するなど、家康にこびへつらうことなく、一歩も退くことはなかった。

そんな芳春院の存在は、最後まで家康を恐れさせたことだろう。

芳春院が金沢に帰ったのは、人質生活から15年後、嫡子利長の死去にともなってのことであった。

こうして、芳春院は前田家を守り抜き、百万石の礎を築いた。

それは前田利家の妻として、また2代利長の母として、前田家の誇りを貫いた芳春院の見事な勝利であった。

直江兼続の妻お船の心

＊直江家の信念

「主君を守ることは上杉家を守ることであり、ひいては越後という国を守ることになる」

それが上杉家の重臣直江家の変わらぬ信念であった。

お船《せん》はそれを父直江景綱《かげつな》の生きざまを通して学んできた。

景綱は謙信の時代から重臣として常に上杉家を支え、2代目を継いだ景勝にも誠心誠意仕えた。

景綱には嫡子がいなかったため、上杉景勝は自らの最も信頼する側近樋口与六をお船の養子にし、直江家を継がせた。これが後に上杉家の名宰相とうたわれた直江兼続《かねつぐ》である。

「奉公とは身も心もすべて主君のために使うことであり、それが家臣たちを守る道である」――お船と兼続は景綱の遺志を継いで、主君景勝を守り抜いた。

兼続は常に景勝のそばにあって政務全般、すべての矢表に立ち、お船は景勝の正室お菊のそばにあって奥向き全般を取り仕切った。

お菊は武田信玄の子、勝頼との同盟により武田家から輿入れして上杉景勝の妻となったが、実家の武田家は織田信長に滅ぼされ、帰るべき家はなくなっていた。それに加え、お菊にはいつまでたっても子ができず、その心細さはお菊の心をいつしか蝕んでいた。

お船はそんなお菊の心に誰よりも寄り添い、励ましの言葉を送り続けた。

「お方様は決して一人ではありません。私は何があってもお方様の味方です」その言葉がお菊の心をどれだけ勇気づけたか分からない。

この時期、上杉家は家の存亡を賭けた厳しい戦いを強いられていたが、それに家臣共々一致団結して当たれたのは、お船が陰でしっかりと上杉家を守っていたからであった。

＊上杉家のために生き抜いたお船

上杉家は秀吉の厚い信頼を受け、秀吉の晩年、120万石の大大名となって越後から会津（福島県）に移るが、関ヶ原の合戦では徳川家康を相手に一歩も退くことなく戦った。

そのことで、戦後、その所領は4分の1に減らされ、出羽米沢（山形県米沢市）に移された。兼続は自らの所領を減らせるだけ減らし、その分を家臣たちに分け与えた。そのため、上杉家の家臣たちは所領が減ってもそのほとんどが上杉家についていった。

「人の財こそ我が上杉家の宝なり」

それが兼続の信念でもあった。

主君景勝は晩年、側室との間に定勝という嫡子を設けた。しかし、その母は産後の肥立ちが悪く、定勝を産むとすぐに死んでしまった。

景勝は母の顔さえ知らない定勝を案じ、お船にその母親として養育を託した。お船は上杉家の大事な後継者である定勝を育て上げることに残りの人生すべてを捧げる決意をした。そのかいあって、定勝は立派に成長し、景勝の跡を継いで2代目藩主となった。

お船にとってその成長はなによりうれしかったに違いない。

お船には夫兼続との間に1男2女がいたが、どれも若くしてこの世を去り、直江家には後継者がいなかった。しかし、お船は、決して養子を取ろうとはしなかった。それは名門直江家の断絶を意味した。

お船は、直江家をあえて断絶させることで、重臣直江家の所領を少しでも家臣たちに分け与えることを望んだのであった。

お船は、命尽きる最期まで、ただ上杉家のために生き抜く道を貫いたのであった。

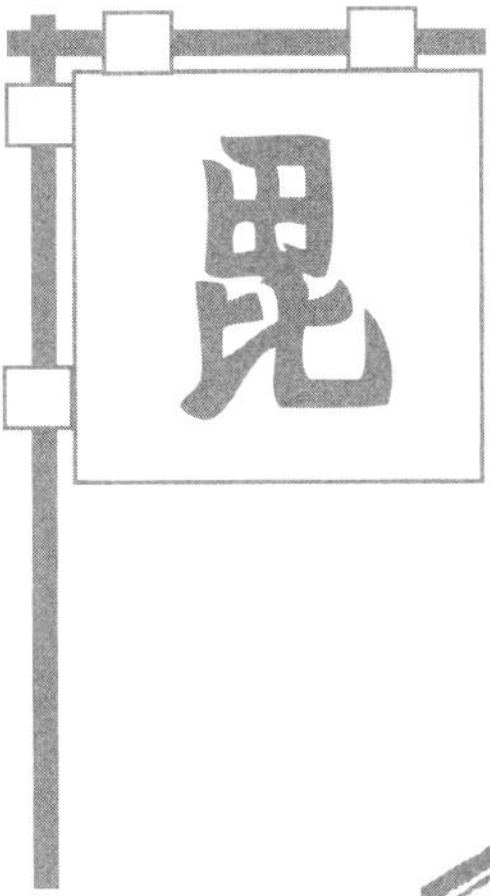
毘

石ころが語る戦国合戦

コラム
column

○山形市にある長谷堂城

山形県山形市の郊外に「長《は》谷《せ》堂《どう》城」という戦国時代の山城跡がある。

しかし、城といっても高い石垣や天守閣を備えた立派な城ではない。

山の斜面を垂直に削り落として城壁とし、土を固めて土居とし、建物も瓦葺《かわらぶ》きのものなどない典型的な戦国時代の城である。

この城は伊達政宗と並ぶ東北の戦国大名最上義光《もがみよしあき》の本拠山形城に近く、義光が山形城を守る最前線として重視した城である。

事実、この城と山形城とは直線距離で7キロほどしかなく、晴れた日には城の本丸から眼下に山形城を見渡すことができる。

最上義光は戦国時代にあって、権謀術数の謀略に長《た》けた人物として知られているが、一方で領民を大切にした慈悲深い武将であったともいわれている。

義光は常々「大将と士卒は扇のようなものであり、要は大将、骨は物頭、総勢は紙である。このどれが欠けても用はなさない。だから士卒とは我が子のようなものである」と語っていたというが、戦場では勇猛果敢な義光も領民や家臣たちにはことのほか愛情を注いでいたことが分かる。

さて、その長谷堂城、NHK大河ドラマ『天地人』の主人公として一躍有名になった上杉家の宰相直江兼続が慶長5年（1600）9月に攻め、「慶長出羽合戦」いわゆる「北の関ヶ原」の舞台として有名になったところでもある。

そのせいか、今ではすっかり観光地化され、標高229メートルの山の頂上にある本丸まで登りやすく整備され、訪れる人も多い。

しかも、城の入り口では、地元の方がボランティアガイドまで務めてくれ、長谷堂城の歴史やそこで行われた合戦の様子まで説明してくれる。まさに、長谷堂城は今地元の町おこしのシンボルとなっている。

○揺れる最上義光

直江兼続は、主君上杉景勝の命を受け、徳川方となった山形城の最上義光を追い詰めるために、米沢から大軍を率いて長谷堂にやって来た。

当時、東北では岩出山城主の伊達政宗と山形城主最上義光が徳川家康方東軍につき、全国で3番目の石高120万石を誇る会津の上杉景勝が石田三成方西軍についていた。

直江は、「西軍石田三成が優勢に戦いを進めている」という情報を得ており、それをもとに、山形城の最上義光を攻めて屈服させ、やがては伊達政宗とも同盟を結んで徳川家康を追い詰める計画であったものと思われる。

直江がまず最上をターゲットにしたのは、そのとき最上の心が揺れ動いていたからである。最上は一応家康側にはついていたが、他の東北の大名たちは皆、「上杉軍とまともに戦っても勝ち目はない」と上杉の大軍に恐れをなして、どっちつかずの態度を取っていたからである。

最上はここで上杉に屈するか、それとも家康方として最後まで徹底的に戦うかの決断を迫られていた。

「最上は今、迷っている。そんな最上に上杉の力を見せつけてやれば、必ず上杉の軍門に下ることであろう」

事実、最上をここで叩けば、戦線は一気に上杉に有利に動き、伊達との同盟も大きく前進させることができる。

そう読んだ直江兼続は、最上義光を山形城に追い詰めるために、2万の大軍を率いてやって来たのであった。

○見せしめとなった畑谷城

直江の取った作戦は、山形城の周囲の城に籠もる兵や領民たちを城から追い出して、すべて山形城に追い詰め、そこで籠城させることにあった。

大量の兵や領民たちが一度に山形城に入れば、城内は人であふれ、城の食糧はたちどころになくなり、また、トイレなどの衛生状態も悪化し、飢餓と疫病の蔓延《まんえん》が予測される。

そうすれば、最上義光は彼らを救うために城を明け渡し、上杉に屈服せざるを得なくなる。直江はそう読んだものと思われる。

戦国時代において、領主は領民を守るのが最大の使命であり責務であった。また、そうであるからこそ、領民は領主に年貢を収め、合戦では兵を務め、有事には城づくりなどの作業に励んだのである。

敵が城を攻め、城を落とすことにこだわった理由の一つは、城を落とすことで、領主が領民を守る能力がないことを領民に見せつけることにあった。

そのため、直江が取った作戦は一つの城を徹底的に攻め、他の城の見せしめとすることであった。

そのターゲットとされたのが、長谷堂城の手前、山形県東村山郡山野辺町にあった畑谷城であった。

「城を攻め抜け！　一兵も城からは出すな！」

直江兼続率いる2万の兵は畑谷城を完全包囲し、攻めに攻めた。

城兵らは直江軍に最後まで抵抗し、奮戦したが、城は落ち、そこに籠もった兵、領民ら500人は、壮絶に討ち死にしてしまった。

「畑谷城が落ちた。それも一人残らず殺されたそうな」

その知らせはすぐにその周辺にあった他の城に伝わり、そこに籠もっていた領民たちは恐怖のあまり城を捨て、村を捨てて逃げだしてしまった。

彼らが山形城に入るのは時間の問題であった。ここまでは直江の計算通りであった。

「あと一つ、長谷堂の城を落とせば、最上はもう風前の灯じゃ」

直江軍は畑谷城を落とすと、そのまま山形城を目指して進軍した。

後は、長谷堂城一つを落とせば、山形城の降伏は時間の問題であった。

しかし、周囲を堀と湿地帯に囲まれた長谷堂城は直江の軍を悩ませた。

「ここで直江軍を食い止めれば、山形城から必ず援軍が来る」

この城を落とされたら後がない長谷堂の最上軍も必死に抵抗を続けた。

そんな中、「関ヶ原で石田三成らが率いる西軍が敗北した」という知らせが山形城に寄せられた。

「家康様は勝利された。我らも後に続け！」

それを聞いた最上軍は息を吹き返し、攻勢に転じることになり、逆に直江軍は長谷堂からの退却を迫られることになった。

逃げる直江軍、そしてそれを追撃する最上軍との間で激しい戦いが展開されることになった……。

○石ころは強力な武器

さて、その長谷堂城の本丸には城中で発掘されたという石ころがいくつも置いてある。見たところ、どこにでもありそうな石ころで、なんでこんなものが城の発掘で出てきたのか、一瞬理解に苦しむ。だが、発掘で出てきたということは、この石がわざわざ城に運び込まれたということを意味している。

いったい、これらの石ころはなにに使われたというのであろうか。

この石ころ、実は長谷堂城に立て籠もった当時の領民たちが手にした武器なのであった。

もちろん、城内には武士たちもおり、彼らは弓や槍、そして鉄砲を武器に戦ったであろうし、領民の中の屈強な男子もそれなりの武器を手にして敵と戦ったことであろう。

それに対して、女、子供、老人たちは石ころを武器にして敵と戦ったのである。まさに合戦は城内すべての人が敵と戦う総力戦であった。

石ころが武器になるのか？　そう思う方がいるかもしれない。

頭上から間断なくこぶし大の石が飛んでくることを思い浮かべてほしい。

それが避けても避けても次から次へと飛んでくればどうなるか。当たれば間違いなくけがをするし、当たり所が悪ければ命を失うこともあろう。

まさに、石ころは強力かつ有効な武器なのである。

しかも、誰でも特別な訓練なしに投げることができるという利点をもっている。

さらに、城という高いところから、下の敵に向かって投げるのである。

これなら、女子供でも誰でも投げることはでき、彼らでも臨時の強力な戦闘員になることができる。つまり、十分な戦力になるというわけである。

事実、記録を見ても、元亀3年（1572）武田信玄と徳川家康が戦った「三方ヶ原の合戦」でも武田軍は徳川軍に対して戦闘に際して石を投げているし、慶長19年（1614）家康と豊臣秀頼の間で行われた大坂冬の陣でも大坂城内にいた女子供は徳川軍に石を投げ戦っている。

最も初歩的なそれでいて強力な武器、それが石ころなのである。

○石ころの語る戦国のドラマ

長谷堂城からそれらの石ころが出てきたということは、石ころは籠城に備えて城に大量に集められていたことを示している。

領民たちは石ころを持って城に入り、さらに城に入ってからも山の斜面などから常に石ころを採取していたに違いない。

発掘で出てきたそれらの石ころを見ると大きな岩を割ったような不整形な石で成人男性の片手でやっと持てるくらいの重く大きい石であることに驚かされる。

適当にその辺から持ってきたというより、武器になりそうな石が選りすぐられた感すらする。

当時の女子や子供の体形からすると、片手で持てたかどうか。あるいは両手で持って投げたのかもしれない。

もっと持ちやすい小さ目の石も当然用意されていたことであろう。それらがすべて投げつくしてしまわれたことから、大き目の石だけが残っていた可能性もある。

領民たちは長谷堂城の城壁の上から眼下の敵に向かって思い切り石を投げたはずである。城壁には柵や塀が築かれており、彼らは柵の間や塀の上から石を投げ続けたことだろう。

城を囲む敵の兵からもそこに向かって矢や鉄砲が間断なく飛んでくる。

「危ない！　気をつけて！　みんな最後までがんばるのよ！」

そう叫びながら、励まし合いながら、彼らは敵の攻撃を上手に避け、石を投げ続けたに違いない。中には背中に幼子をおんぶしながら石を投げた女性もいたかもしれない。

「お母さん、負けるな!」

そんなお母さんの戦う姿を見て、子どもたちも必死で石を投げたことであろう。

小さな子供はお母さんのもとにせっせと石を運び続けたのではなかろうか。

長谷堂城は直江の大軍を前に善戦し、最後まで落ちることなく持ちこたえた。そして、その戦いを陰で支えたのは、このような名もない領民たちであったことは間違いない。

確かに長谷堂城は要害堅固な城であったろう。

だが、城の本当の強さはそれを守る人々の心の強さで決まる。

彼らは領主最上義光を最後まで信じ、最上もそんなけなげな領民たちの心をしっかりとつかんでいた。

長谷堂城で見つかった石ころはそれをなにより物語っていた。

【主な参考文献】

『桑田忠親著作集 第四巻 織田信長』（秋田書店）

『桑田忠親著作集 第五巻　豊臣秀吉』（秋田書店）

『桑田忠親著作集 第六巻　徳川家康』（秋田書店）

『戦国史談』桑田忠親　（潮出版社）

『甲陽軍鑑』吉田豊編・訳（徳間書店）

『軍師・参謀』小和田哲男（中央公論社）

『原本「信長記」の世界』小林千草（新人物往来社）

『秀吉の手紙を読む』染谷光廣（吉川弘文館）

『利家とまつに学ぶ』北國新聞文化センター編（北國新聞社）

『名将言行録　現代語訳』岡谷繁実（講談社学術文庫）

『武将感状記』真鍋元之編・訳（緑樹出版）

『常山紀談』湯浅常山（岩波書店）

『天下人の書状を読む』岡山大学付属図書館ほか（吉川弘文館）

『定本武田信玄』磯貝正義（新人物往来社）

『黒田官兵衛』渡邊大門（講談社）

『平家物語の舞台を歩く』三池純正（潮出版社）

『真田信繁』三池純正（宮帯出版社）

『守りの名将　上杉景勝の戦歴』三池純正（洋泉社）

『豊臣家最後の姫』三池純正（洋泉社）

本書は『聖教新聞』連載の「戦国史を見直す　奇跡の逆転劇」、『創価新報』連載の「戦国史に学ぶ勝利の法則」「時代を開く勇将の心意気」「戦国乱世を生き抜いた女性たち」（２００９～２０１３年）をそれぞれ再構成・加筆し、編集したものです。

三池純正（みいけ・よしまさ）
1951年、福岡県生まれ。歴史研究家、作家。日本作家クラブ会員。戦国期の歴史の現場を精力的に踏査し、現場の視点で歴史の定説を見直す作業を進めている。著書に『真説・川中島合戦』『敗者から見た関ヶ原』（以上、洋泉社）『義に生きたもう一人の武将石田三成』『真田信繁』（以上、宮帯出版社）など多数。

絶対役立《ぜったいやくだ》つ！ 戦国史《せんごくし》 負《ま》けない法則《ほうそく》

2014年 7月3日　初版第1刷発行

著　者　三池純正《みいけよしまさ》
発行者　大島光明
発行所　株式会社 第三文明社
東京都新宿区新宿1-23-5　〒160-0022
03-5269-7154（編集代表）
03-5269-7145（営業代表）
振替口座　00150-3-117823
http://www.daisanbunmei.co.jp
印刷・製本　図書印刷株式会社

ISBN 978-4-476-03330-4